캠핑의 참맛을 담은 공감 에세이

캠핑,
내 아버지의 선물

김현수 지음

시공사

목차

프롤로그 캠핑의 사계 ········ 6

아버지의 캠핑, 나의 캠핑

아버지는 말없이 모든 것을 가르쳐주셨다 ········ 18
흐르는 강물처럼 ········ 26
내 아이에게 물려주고 싶은 캠핑 장비 ········ 36
포토 에세이 창을 걷어 바람을 느낀다 ········ 46

소중한 사람과 함께한 첫 캠핑, 어땠나요?

캠핑이 처음이라면 랜턴부터 준비하세요 ········ 50
사랑에는 온기가, 겨울에는 난로가 필요합니다 ········ 80
캠핑 좋아하는 남편 ········ 94
캠핑 싫어하는 아내 ········ 102
어느 노인의 캠핑 이야기 ········ 114
내일은 맑음 ········ 122
포토 에세이 캠핑 가면 월요일이 참 좋아요 ········ 136

나는 캠퍼다. 때론 홀로 텐트를 친다

그를 만나러 캠핑을 떠났다 ········· 140
홀로 떠나는 캠핑에 앞서 이해하고 포기하기 ········· 156
나는 코쿤족이기를 거부하겠다 ········· 162
캠퍼의 이중생활 ········· 170
뷰파인더 속에 봄 담기 ········· 178
포토 에세이 나는 스스로 대견한가? ········· 184

캠핑 이웃, 값진 인연에 감사하기

친구의 발견 ········· 188
콘크리트 속으로 사라지던 나의 이웃 ········· 194
옆 텐트에 아가씨가 있다 ········· 200
포토 에세이 그해 여름 미천골 ········· 224

첫 번째 에필로그 내 아버지와 나눈 얘기들 ········· 228
두 번째 에필로그 캠퍼의 대화법 ········· 236

캠핑, 내 아버지의 선물

프롤로그
캠핑의 사계

신비로운 자연의 변화와 순환을 느끼고 그 속에서 자연과 하나 되기에는 캠핑만 한 것이 없다. 봄이 무르익어 여름의 녹음이 짙어질 무렵이면 산과 계곡, 바다 할 것 없이 색색의 텐트들이 하나둘 늘어간다. 어릴 적 1년에 한 번 있는 아빠의 휴가에 맞춰 가족이 모두 함께 텐트를 들고 물놀이하러 다닌 경험은 누구나 있을 것이다. '텐트=여름'이라는 공식은 어느새 우리 머릿속에 깊숙이 들어와 있는 '계절 놀이'의 모습이다. 이어지는 가을, 겨울 그리고 다음 해 봄까지 캠핑을 경험한다면 '사계절이 뚜렷하다'라는 말이 고마워질 것이다.

봄

생동감, 그리고 새로운 시작. 몇 단어만으로도 봄은 충분히 설명된다. 푸른 기운을 더해가는 산과 들, 개울의 물소리마저 생기 넘치는 계절이다. 계절이 바뀌고 새싹이 돋아날 즈음 텐트를 들고 나서는 발걸음은 그 어느 때보다 설레기 마련. 겨우내 캠핑하러 다니지 않았다면 그 설렘은 더할 것이다. 얼음장을 녹이고 다시금 힘차게 흐르는 개울물을 볼 때면 과거야 어찌 되었든 이제 새롭게 시작해야겠다는 다짐을 은연중 하게 된다. 묵은 땅을 뚫고 머리를 내미는 여린 꽃잎을 보면 신기하기도 하고, 애틋하기도 하고, 기특하기도 하다. 더불어 그런 작은 생명에서 자연의 위대함과 신비로움을 배운다. 물론 도시에도 봄을 느낄 수 있는 것들이 많다. 가로수의 새싹, 사람들의 가벼운 옷차림. 하지만 새로운 계절의 힘찬 기운을 느끼기에는 봄 캠핑만 한 것이 없다.

여름

본격적인 캠핑 시즌이다. 홈쇼핑 채널에서는 하루가 멀다 하고 텐트를 팔아대고, 집 근처 대형 마트의 캠핑 용품 코너는 손님들로 인산인해다. 캠핑을 한 번도 안 해본 사람도 '올여름엔 캠핑을 가볼까?'라는 생각을 하게 되는 여름. 만약 그 생각을 실천에 옮긴다면 남부럽지 않은 부자가 될 수 있다.
손수 지어놓은 나의 집. 너른 마당과 앞뜰. 게다가 광대한 바다를 보면서 망중한을 즐길 수 있는 나만의 공간. 강남 한강변의 초고가 아파트 따위가 부러울 리 없다. 이토록 크고 멋진 정원수를 욕심껏 가진 사람이 대한민국에 몇이나 될까?
캠핑하는 나에게는 주변 모든 것들이 피서의 소품이 된다. 차가운 거품을 내며 아래로 내달리는 세찬 강물에 무작정 몸을 맡기는 순간 더위는 온데간데없다. 바다는 보기만 해도 시원한 파란색이고, 살랑 불어오는 바람은 비릿한 소금 내음과 함께 이마의 땀을 씻어내기에 충분해 기분 좋은 여유를 전해준다. 기다란 여운을 남기는 저녁노을, 한낮의 뜨거운 태양에 달궈진 모든 것들이 뿜어내는 마지막 열기. 텐트에 기대어 그 어느 계절보다 감미로운 붉은 노을을 음미하며 캠핑으로 더욱 특별해진 올여름의 하루를 마무리한다.

캠핑, 내 아버지의 선물

가을

하늘이 높아만 간다. 청명한 하늘은 지난여름의 바다와 같은 빛이다. 갈대가 전해오는 가을바람은 지난봄의 생동감과 지난여름의 뜨거웠던 열기와는 전혀 다른, 섬세하게 오감을 자극하는 동력이다. 눈을 감은 채 바람 소리를 듣고, 두 팔 벌려 손가락 사이로 흘러가는 바람을 느껴본다.

가을은 주변 모든 빛이 온화해지는 계절이다. 녹음만이 가득했던 나무들은 어느새 붉은 기운이 감돌기 시작하고 고맙게도 그늘을 만들어준 가로수는 이제 눈마저 황홀하게 만들어준다. 가을을 그리려 한다면 그 어떤 계절보다 풍성한 색깔이 필요할 것이다.

가끔 정리되지 않은 국도변의 낙엽들을 보노라면 '가을이란 이렇구나' 하며 새삼 사색에 빠져든다. 시끌벅적했던 지난여름이 지나간 해변에서 나와 바다만이 마주하는 시간에 빠져보기도 한다. 평소 책을 가까이하는 사람은 한낮 그늘막 아래서 책과 함께하는 망중한의 즐거움을 잘 알고 있을 것이다. 책을 읽는 즐거움이 봄이나 여름과는 또 다를 것이다. 가볍지도 무겁지도 않은 산들바람은 글과 글, 행과 행 사이에서 즐거운 상상에 빠지도록 도와줄 것이다. 더불어 나를 채우는 앎의 즐거움 또한 빼놓을 수 없다. 각박한 일상에서 일탈해 고된 마음을 말끔히 비우는 것이 캠핑이다. 하지만 다시금 나를 채우는 것 또한 캠핑이다.

겨울

지난 계절, 바라보는 것만으로 현란한 파도가 가슴을 열어주었던 바다. 이제는 노랫말처럼 괴로움일랑 던져버리면 그만인 그곳. 혼자 가더라도 충분히 멋스러운 그곳. 차갑지만 기대고 싶은 겨울 바다다. 짧은 해 뒤에 오르는 달빛마저 차갑게 느껴지고 내년 여름을 기약하는 나룻배가 동정심을 불러일으키는 계절.

볕이 짧아진다. 지금껏 그늘을 찾아 한낮의 캠핑을 즐겼다면, 이젠 따스한 볕이 아쉬운 계절이다. 텐트 안의 온기와 랜턴 불빛의 오묘한 따스함은 겨울의 긴 밤을 더없이 즐겁게 만들어준다. 안으로 움츠러드는 이 계절 캠핑장 모닥불은 누구 하나 불러 모으지 않아도 절로 모여 앉아 이야기하게 만드는 신비스런 힘을 갖고 있다. 우리의 소소한 이야기들을 감칠맛 나게 해주는 모닥불은 겨울 캠핑의 하이라이트다.

이른 아침. 코끝을 발갛게 만드는 냉랭한 기운은 뼛속까지 스며들어 내 몸의 몹쓸 것들을 모조리 쓸어내는 느낌이다. 눈이 내린다면 정말 운 좋은 캠핑이 될 것이다. 캠핑하며 맞는 눈은 많은 즐거움을 선사한다. 눈과 함께하는 놀이뿐만 아니라 색다른 볼거리들을 많이 선물하기 때문이다. 그리고 천연 냉장고 역할도 톡톡히 한다. 눈밭에 꽂아두었던 맥주를 마시는 순간, 그 천상의 맛은 지난 계절 캠핑의 즐거움을 압도한다. 겨울 캠핑에서는 따스함이 더욱 고맙게 느껴지겠지만 차가워서 오히려 더 즐거운 것들을 발견하는 기쁨도 놓칠 수 없다.

자연의 무궁무진한 모습. 봄 여름 가을 겨울의 순환을 익히 알고는 있지만 자연이 계절에 맞게 옷을 갈아입는 현장에 내가 함께했다는 사실에 알 수 없는 뿌듯함이 밀려온다. '또 어떤 좋은 곳에서 캠핑할까?'라는 막연한 기대로 주말을 기다리는 자신을 발견했다면, 대한민국의 사계절이 뚜렷하다는 사실에 새삼 고마움을 느낄 것이다.

아버지의 캠핑, 나의 캠핑

해마다 여름이면 아버지는 식구들을 데리고 산으로 계곡으로 향하셨다. 캠핑이라는 단어조차 모르던 그때가 요즘 들어 자주 떠오른다. 캠핑의 참맛을 몸으로 실감한 그 소년은 이제 아버지가 되었다. 본능적으로 자기 아이에게 그때의 행복감을 전해주려 한다. 아버지에게서 아들로. 캠핑은 언제까지나 없어지지 않을 멋진 교감이다.

아버지는 말없이
모든 것을
가르쳐주셨다

르까프 운동화, 리복 펌프 운동화가 최고의 유행이고 그 신발만 신어도 잘사는 집 아들임을 내세우기에 부족함이 없었던 시절, 운동화 사달라는 말 자체가 나에게는 사치였고, 아버지에게는 한심스러운 일이었다.

그때 난 아버지에게 사진 촬영법을 배웠다. 아버지는 나 태어날 때 한 달치 월급을 털어 카메라를 사셨다. 조리개가 무언지 노출이 무언지 듣는 척만 할 뿐인 내가 그 카메라를 익히기를 바라며 이것저것 가르쳐주시던 아버지의 생기 도는 얼굴을 지금은 뵐 수 없는 것이 아쉽다.

좋든 싫든 그렇게 아버지 손에 이끌려 산과 바다를 필름에 담아오기를 수차례. 대학생이 된 나는 아버지의 유품인 카메라를 들고 홀로 떠난다. 그러고는 예전에 아버지가 가르쳐주신 대로 만져가며 제법 셔터를 누른다.

아이들은 아버지를 닮아간다. 그렇게 사진을 좋아하시던 아버지. 이젠 아들인 내가 사진에 빠져 있다. 잘 찍지는 못해도 셔터를 누르기 전까지의 긴장, 의미 없이 지나쳐가는 순간을 멋스럽게 담는 눈, 필름을 현상하기까지 그 즐거운 기다림은 잘 배워둔 듯하다.

캠핑하면서 많은 가족을 지켜본다. 고만고만한 나이 또래의 아이들과 함께하는 가족들을 보고 있자면 나 역시 나중에 아이가 생기면 캠핑을 함께 해야겠다는 생각을 하게 된다.

캠핑은 일종의 생존 방법이다. 비바람을 피할 집을 짓고 음식을 끓이고 한기를 녹일 불을 지핀다. 강물에 어항을 놓든, 낚시를 하든 자연 속에서 먹을거리를 구하는 체험도 즐겨본다. 이 모든 것이 사는 데 반드시 필요한 일이다.

캠핑을 함께하며 아이들은 장작을 패는 아버지, 낚시를 하는 아버지, 텐트를 치는 아버지를 지켜본다. 아버지의 손길이 닿지 않은 곳, 닿지 않은 물건이 없다. 도시에선 즐길 수 없고 느낄 수 없는 행복한 시간을 자연 속에서 보내면서 아버지를 흉내 내며 삶을 배운다.

내가 처음 아버지에게 이끌려 무거운 카메라를 들고 막무가내로 셔터를 누른 것은 아버지를 흉내 낸 것에 불과했다. 난 셔터를 누르는 순간 어떻게 감광되는지 알 길이 없었다. 사실 알고 싶은 욕구도 없었다. 그저 카메라가 신기했을 뿐이고, 셔터의 기계음이 짜릿했을 뿐이다.

시간이 흘러 이제 혼자 카메라를 들고 나갈 때면 '맑은 날 햇빛 쨍쨍한 낮

캠핑, 내 아버지의 선물

에는 여기 이 숫자가 11에 오게 하고 이것은 500에 놓고 찍어야 해'라는 아버지의 목소리가 귓속을 맴돌아 나간다.

어릴 때에는 아버지가 하는 일이면 무엇이든 따라 해보고 싶었다. 호기심에 아버지의 카메라를 만져보았지만, 나의 여린 팔과 손으로 감당하기에는 쉽지 않았다. 너무나 능숙하게 카메라를 만지시는 아버지. 난 카메라에 눈을 댄 채 어떻게 손의 감각만으로 카메라의 이것저것을 조작하시는지 정말 아버지는 천재라고 생각했다.

맑은 날은 11과 500에 놓고 찍어야 한다고 가르쳐주신 아버지는 맑은 날인데도 찍을 때마다 카메라를 이리저리 만지셨다. 그런 아버지를 보고 나에게 사진에 대해 뭔가 숨기는 게 있으며, 귀찮아서 가르쳐주지 않으신 거라 생각했다.

한 아이가 아버지와 낚시를 하고 있다. 이날, 이 아이는 무슨 생각을 할

까? 어른들에게는 낭창거리는 가벼운 낚싯대가 이 아이에게는 흡사 각목 같은 느낌일 터. 낚싯대 끝까지 힘을 전달해서 날려주어야 한다는 아버지의 가르침에 '뭔가 숨기는 것이 있을 것이다'라는 의심을 품을지도 모른다.

각목 같은 낚싯대를 엿가락처럼 휘어가며 멋지게 그리고 저 멀리 날리시는 아버지를 보고 '아버지는 못하는 게 없는 천재'라는 생각 역시 했을 것이다.

정치권의 이합집산이 무슨 뜻인지는 알아도 수학의 공집합, 교집합의 기호는 가물가물하다.

'왜 사냐건 웃지요'라는 시구의 의미는 알 수 있지만 누가 쓴 시의 마지막 연인지는 가물가물하다.

아이들이 간혹 물어오는 '학교에서 배운 것'은 당황스러울 정도로 이해하기 어렵고 기억해내기 어렵다.

하지만 아버지들은 굳이 공집합과 교집합을 몰라도 왜 사느냐고 누군가 물었을 때 웃을 수밖에 없는 심정을 마음으로 이해한다.

내 가족이 비바람을 피할 수 있게 집을 짓고 한기를 피할 수 있게 장작을 패고 불을 지피며 산천에 흐드러진 나물과 열매, 강물에 노니는 물고기로 풍성한 먹을거리를 마련해주시는 아버지. 너무나 커다랗고 넘을 수 없는 아버지이지만, 또 다른 한편으로는 따스한 울타리와도 같은 아버지.

누군가 왜 사느냐고 물었을 때 그냥 웃는 것만으로 대답을 대신하는 멋스러운 아버지.

어쩌면 캠핑을 하면서 아버지들은 아이들에게 '그런 아버지'로 기억되기를 은연중 바라는지도 모르겠다.

각목 같은 낚싯대를 엿가락처럼 휘어가며 멋지게 그리고 저 멀리 날리시는 아버지를 보고 아버지는 못하는 게 없는 천재라는 생각 역시 했을 것이다.

먼 훗날 왜 사느냐는 질문에 멋들어진 미소로 답을 대신하는 성인이 된 내 아이의 얼굴을 상상하며.

캠핑, 내 아버지의 선물

캠핑을 함께하며 아이들은 장작을 패는 아버지, 낚시를 하는 아버지, 텐트를 치는 아버지를 지켜본다. 아버지의 손길이 닿지 않은 곳, 닿지 않은 물건이 없다. 도시에선 즐길 수 없고 느낄 수 없는 행복한 시간을 자연 속에서 보내면서 아버지를 흉내 내며 삶을 배운다.

흐르는 강물처럼

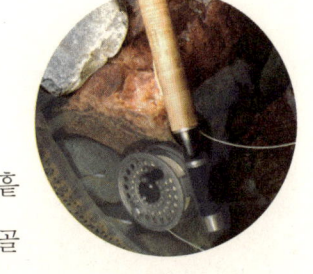

괜스레 차분해진다. 비는 내리는 게 아니라 흩뿌리고 있다. 젖은 낙엽을 헤쳐 가야 하는 산골짝의 좁다란 길은 아쉬움과 쓸쓸함으로 가득한 가을의 뒷모습이다. 엊그제 어머께 선물 받은 고릿적 녹슨 칼은 조수석 문 포켓에 꽂힌 채 달그락거리며 차와 함께 흔들리고 있다.

"이 칼 받아라."

문갑 깊은 곳에서 꺼내주신 어머니의 선물은 가죽이 뒤틀리고, 광이라고는 전혀 없었다. 명색이 칼인데 날카로움이란 찾아보기 힘든, 오래된 가죽의 묵은 냄새까지 밴 칼이었다.

"이젠, 네 거야…"

부연동. 강릉에서 넘어오든, 진부령에서 넘어오든 이곳은 무조건 산 한두 개쯤은 넘어야 하는 오지 중의 오지다. 플라이 낚시꾼들만 쉬쉬하며 공유할 만큼 아름다운 곳으로 때 묻히기 아까울 정도로 순수한 계곡이다. 언젠가 범죄 없는 마을로 선정된 바 있는 이 마을은, 도망가는 길이 외통수라서 바보가 아닌 이상 허튼짓 하기 어려운 곳이다. 텐트와 약간의 야영 장비, 그리고 칼 한 자루 들고 찾은 이곳. 동해 바닷가를 먼저 들렀지만, 휑한 해변 듬성듬성 친 철조망에 오히려 쓸쓸한 마음 깊어질까 싶어 차를 돌렸다. 양양 앞바다를 등지고 달리기를 한 시간, 펜션 단지로 전락해버린 법수치와

젖은 낙엽을 헤쳐 가야 하는 산골짝의 좁다란 길은 아쉬움과 쓸쓸함으로 가득한 가을의 뒷모습이다.

캠핑, 내 아버지의 선물

물고기 없는 어성전을 지나면 부연동으로 들어가는 꼬부랑 산길이 본격적으로 시작된다. 마을로 접어들기는 했지만, 인기척은 전혀 없다. 입구의 환영 문구가 적힌 젖은 현수막은 되려 처량한 느낌이다. 개울가 적당히 평탄한 곳에 자리를 잡았다. 들고 온 장비들을 대충 부려놓고 커피부터 내렸다. 비 덕분에 습한 기운만 가득한 이 마을에 잔잔한 커피 향이 번져 나갔다. 사방이 산이다. 흡사 부처님의 손바닥 정중앙에 갇혀 있는 듯하다.

개울 맞은편 삐죽 솟은 봉우리 위로 비를 머금은 구름이 빠르게 흘러간다. 지루하게 내릴 비다. 커피잔을 내려놓고 칼을 잡아본다. 오랜 세월을 그대로 머금은 남루한 가죽 케이스의 단추를 풀어 칼을 꺼낸다. 나무로 마무리한 칼자루에 코를 대고 냄새를 맡아본다. 비릿하다. 날씨가 습해서 그런지 그 비릿한 향이 더욱 진하다.

숨을 깊게 내쉬었다가 다시 들이켜보았다. 눈이 감긴다. 가슴이 시리다. 아버지의 냄새다.

"네 아버지가 지금 너처럼 한창 캠핑 다닐 때 들고 다니셨던 거야. 작은 방 짐 정리하다가 나왔어. 다른 건 없고 그것만 있더구나. 가져라."

칼을 건네주시던 어머니의 정지된 표정이 떠오른다. 칼을 받아 든 내게 녹을 닦거나, 날을 세워 쓰라는 말씀은 없으셨다. 그럴 생각도 없었지만 이 냄새가 아버지의 향이라 생각하니 그래서는 안 될 것 같았다. 27년 세월이 담긴 이 칼을 쓰기는 싫다. 아버지께서 남겨주신 유일한 물건이자 아버지의 향기가 담긴 물건에 다른 흔적을 남기기 싫다.

단칸방에서 네 식구가 살 비비며 살 때, 어머니는 가족을 위해 캠핑을 준

비했다. 1년에 단 한 번 3박 4일의 휴가를 위해 어머니는 텐트며, 코펠이며, 버너를 사들였다. 녹록지 않은 살림이라 장비를 사기 위해 등산용품점에는 아버지 모르게 수개월의 외상을 부탁해야 했다. 사는 데 급급했던 우리 가족의 캠핑을 무뚝뚝한 아버지를 대신하여 어머니께서 준비하셨다. 무슨 뚱딴지같은 캠핑이냐며 어머니를 타박하셨던 아버지는 등산 전문점에서 점잖게 장비 고르는 일을 하셨는데, 가장 먼저 집어 드신 물건이 바로 이 칼이었다. 그 후부터 아버지는 어머니보다 캠핑에 더욱 열심이셨다.

어릴 적 캠핑을 가면, 아버지는 그 시절 소위 '먹어주는' 캠핑 장비인 로열 버너에 가장 많은 정성을 쏟으셨다. 지금의 버너들과 달리 그 당시 버너는 예열 과정이 필요해서, 손이 많이 가는 장비였다. 잘 닦아놓지 않으면 청색 녹이 오르는 터라 아버지는 캠핑을 가기 전이나 다녀와서 항상 버너를 곁에 두고 만지셨다. 버너 자체에 애착이 큰 것도 많은 시간을 들여 관리한 이유일 것이다. 하지만 코펠에 밥 지으시는 아버지의 모습을 옆에서 쭈그리고

칼을 받아 든 순간, 그 칼의 녹을 본 순간 가슴속 깊이 묻어두었던, 캠핑하시는 아버지에 관한 기억들이 스멀스멀 올라왔다.

무작정 캠핑을 가야겠다고 생각했다. 아련히 떠오르는 계곡과 산과 분위기가 가장 비슷한 곳을 찾아가야겠다고 마음먹었다. 물론 아버지의 캠핑 유품과 함께.

캠핑, 내 아버지의 선물

앉아 신기하게 지켜보는 우리 형제들 앞에서 아버지 역할을 담대히 해낼 수 있게 해주는 고마운 도구라는 생각에 그렇게 공을 들이셨을 것이다.

철들고 난 후 캠핑을 하면서 아버지의 버너를 찾기 시작했다. 친척에게 빌려주었다는 그 버너를 찾아 친척집 창고까지 뒤졌으나 결국 찾지 못했다. 그런 와중에 어머니께 받은 이 칼은 전혀 예상치 못한 아버지의 캠핑 유품이었다. 칼을 받아 든 순간, 그 칼의 녹을 본 순간 가슴속 깊이 묻어두었던, 캠핑하시는 아버지에 관한 기억들이 스멀스멀 올라왔다. 텐트를 뚝딱뚝딱 멋지게 치셨던 아버지, 우리와 물장난하셨던 아버지, 게다가 환하게 웃어주셨던 아버지, 물에 빠진 사람까지 구할 정도로 수영을 잘하셨던 아버지, 그 일을 일기에 써가며 아버지를 자랑스러워했던 우리 형제. 가족의 캠핑이 시작되고 나서야 새로이 '발견'할 수 있었던 아버지에 대한 기억들이다. 평일에는 밤에만 잠깐 뵈었고, 주말에는 집에서 속옷 바람으로 담배만 태우시던 엄중한 아버지였지만 캠핑장에서 본 아버지는 전혀 다른 사람 같았다. 어머니께서 소망하신 대로 가족의 유희가 이루어진 것이었다.

1년에 단 한 번이었지만, 한 해의 캠핑이 끝나는 순간부터 내년 휴가를 기다릴 정도로 총천연색 행복한 순간뿐이었다. 하지만 내가 사춘기에 접어들어 가족보다는 친구와 보내는 시간이 더 많아지면서 우리 가족의 캠핑은 어느 순간 단절되었고, 장비들은 대여품이 되어 다른 집 창고에 분산되거나 녹슬어 버려졌다. 그즈음 새로이 사업을 시작하셨던 아버지는 캠핑하기 전의 무채색으로 돌아갔다.

무작정 캠핑을 가야겠다고 생각했다. 어렸을 적 그때의 캠핑이 정확히 기억날 리 없지만, 아련히 떠오르는 계곡과 산과 분위기가 가장 비슷한 곳을 찾아가야겠다고 마음먹었다. 물론 아버지의 캠핑 유품과 함께.

이곳 부연동이, 딴에는 그때의 캠핑 장소와 가장 분위기가 비슷하다 생각했다. 혼자만의 캠핑을 즐기기에 더없이 좋은 곳이라는 생각도 선택에 한몫했다.

칼을 빼어 들고 강가로 갔다. 대낮부터 내린 비로 강물은 거세게 흐르고 있었다. 그 물에 칼날을 담갔다. 아득히 먼 곳에서 내려온 강물은 칼날을 베어 물듯 스치고 동해를 향해 흘러갔다. 칼을 스치고 지나가는 강물을 응시했다. 30여 년의 시차를 둔 아버지와 아들의 인생이 흐르는 강물처럼 유연하게 이어지는 느낌이었다. 아버지에서 아들로 고요하게 흘러 순환하는 생의 흐름을 문득 깨닫는 순간이었다.

산중의 밤은 일찍 찾아왔다. 흐린 데다가 사방이 산이니 해는 금방 떨어졌다. 한기를 피해 침낭으로 들어갔다. 행여 꿈에서라도 아버지를 만날 수 있을까 하는 생각에 바른 자세로 누워 아버지의 칼을 가슴에 품었다. 텐트를 때리는 빗소리와 흐르는 강물 소리만이 골짜기를 채웠다. 난 오늘 아버지와 함께 꿈속으로 흘러들어 간다.

흐르는 강물처럼.

칼을 스치고 지나가는 강물을 응시했다. 30여 년의 시차를 둔 아버지와 아들의 인생이 흐르는 강물처럼 유연하게 이어지는 느낌이었다.

내 아이에게 물려주고
싶은 캠핑 장비

앞뒤 베란다 구석구석 쌓여 있는 캠핑 장비를 볼 때마다 거짓말같이 같은 생각이 반복적으로 스쳐 간다. 첫째, 시작하길 잘했다는 자신에 대한 칭찬. 둘째, 아내가 이걸 볼 때마다 나에게 하고 싶은 말이 분명 있을 텐데 참고 있는 것을 보면 참으로 기특하다는 착각. 셋째, 내 아이들에게 물려줄 것이 분명 있을 거라는 생각.

가족이 생기면 캠핑을 한 번쯤은 생각할 것이다. 성장하는 아이들을 보고 있노라면 유년의 기억이 분명 떠오를 것이기 때문이다. 지금은 돌아가신 아버지와 캠핑을 하며 즐거웠던 그 소중한 추억이. 그 추억의 실마리가 될 장비는 무엇이 있을까? 아이들에게 무엇을 물려줄까?

텐트? 소모성이다. 물려주고 싶어도 그때까지 장비가 온전히 남아 있으리라고 자신할 수 없다. 난 장비를 막 굴리는 편이어서, '아버지 텐트다. 너희 쓰거라' 했을 때 남루한 텐트를 받아 든 아이들의 실망스러운 표정이 그려진다. 내 아버지가 한창 캠핑하러 다니던 시절, 높고 네모진 집 모양의 캐빈 텐트가 대유행이었다. 그 텐트는 말하자면, '있는 집'에서나 사서 쓰던 고급 장비였다. 하지만 요즘 선호하는 텐트는 캐빈 텐트와는 거리가 멀뿐더러 그 당시 출시된 제품에 비해 품질도 대단히 좋다. 내 아이들이 캠핑 다닐 때가 되면 지금 내가 소장하고 있는 이 귀중한 텐트는 처치 곤란 무용지물이 될지 모른다.

랜턴? 물려주기 좋은 물건이다. 오래된 랜턴을 수집하는 사람들도 있고, 그런 랜턴이 밝혀주는 공간은 왠지 신비스럽기까지 하다. 작동 방식이 편하지 않고 오랜 손때는 지워지지도 않는다. 하지만 앤티크한 외형에서 새어 나오는 은은한 불빛은 최신 장비처럼 주변을 환히 밝히지는 못하더라도, 마음속의 추억을 끄집어내는 역할을 한다. 일단은 합격이다. 지금 내가 쓰는 랜턴은 캠핑장의 밤을 밝히기에 모자람이 없지만, 십수 년 후에는 이보다 더 성능 좋은 랜턴이 발에 챌 것이다. 그러나 아이가 나에 대한 추억을 떠올려주길 바라며 물려줄 물품 리스트에 올려놓는다.

카메라? 캠핑 필수품이긴 해도 캠핑 장비라고 하기에는 무리가 있다. 오

로지 캠핑을 위한 소품을 물려주고 싶다. 그러나 나의 아버지로부터 물려받은 고릿적 카메라는 캠핑 장비가 아니지만 내 아이들에게 물려줄 재산 목록 1호다. 이 물건은 별개로 남겨두자.

오토바이? 나는 잘 타고 다니지만, 아이들의 젊은 혈기가 누그러질 때쯤 주고 싶다. 그러나 캠핑 갈 때만 타지는 않을 테지. 또한 딸아이라면 관심이 없을 수도 있으니 제쳐놓는다.

버너? 괜찮은 아이템이다. 단순한 구조라야 나중에라도 유지, 보수하기 쉬울 것이다. 막상 고장 났는데, 부품이 없어 고치지 못한다면, 물려주나 마나 한 고철 덩어리에 불과할 것이다. 나는 아버지께서 쓰시던 황동 버너를

이어받아 썼다. 캠핑 다니다가 잃어버렸는데, 몇 년이 지난 지금까지도 가끔 그 버너가 생각날 정도로 안타깝다. 내가 현재 쓰고 있는 버너는 정밀한 부품들로 만들어 구조가 복잡한 것이라 선뜻 내키지는 않지만, 곱게 쓰고 잘 닦아둔다면 충분히 물려줄 만하다.

코펠? 썩 괜찮겠다. 오래된 스위스 군용 반합 같은 경우는 부시크래프트 캠퍼(Bushcraft Camper : 현대적인 캠핑 용품을 되도록 사용하지 않고, 원시 시대의 생존법을 따르며 캠핑하는 이들)나, 군용 장비로 캠핑하기를 좋아하는 사람들에게는 인기 있는 아이템이니까. 하지만 너무 오래된 나머지 코팅이 벗겨지고 녹이 슨다면 식기로서는 아무런 의미가 없을 테니 잘 관리해야겠다.

　화로대? 필수품일까? 그렇지는 않지만, 이 화로대는 부피가 작아 가지고 다니기 편하고, 캠핑의 낭만이 고스란히 담긴 소품이다. 이것도 점찍어둬야 겠다. 일전에 캠핑 갔을 때 돼지기름이 덕지덕지 붙어 있는 채로 챙겨 넣었는데, 짬날 때 원래의 스테인리스 광이 살도록 닦아놔야겠다.

　그 밖의 소품들은 어떨까? 맥가이버 칼? 너무 흔하다. 부싯돌? 쓰다 보면 없어질 소모품이다. 고민이 거듭된다. 현재 쓰는 캠핑 장비가 나에게는 정말 귀중한 물건들이고 애정도 있지만, 오랫동안 잘 관리해서 내 아이에게 물려주고픈 장비를 막상 골라내자니 몇 개 되지 않는다. 야외에서 꼭 필요한 기능을 갖춰야 하고, 단순한 구조여서 고장 날 염려가 적은 데다가, 생김새도

미려해서 오랜 세월이 흘러도 부끄럽지 않게 쓸 수 있는 물건. 여기에 캠핑 고유의 운치가 묻어나는 물건이어야 할 텐데.

고민에 고민을 거듭하다 보니 사진 한 장이 떠올랐다. 텐트 안을 밝혀줄 랜턴을 깜빡 잊어 그 대용으로 맥주 캔을 잘라 만든 양초 랜턴. 그 후에도 캠핑 가서 간혹 이렇게 양초를 켜놓고 운치를 더했다. 지혜가 깃든 장비다. 부시크래프트 모임에서는 흔하게 볼 수 있는 물건이지만, 오토 캠핑 모임에서는 흔치 않다.

옳거니! 답을 찾은 듯하다. 어떤 캠핑 장비를 물려줄지는 천천히 생각해야겠다. 내 아이가 캠핑을 다니며 내가 물려준 장비를 제대로 쓸 수 있는 나이가 되려면 아직 시간이 많이 남았으니까. 대신, 그 시간이 오기까지 지혜로운 캠핑이란 어떤 것인지 차근차근 얘기해주어야겠다.

좀 더 편하게, 멋스럽게 캠핑을 즐기려면 어떤 장비를 사고 모을지는 내 아이가 선택할 것이다. 하지만 캠핑을 하면서 무엇을 배우고 익힐 것인가는 부모인 나의 몫으로 남았다.

멋진 텐트를 얼마나 요령 있게 빨리 치느냐보다, 태양의 움직임을 보고, 나침반을 이용해 동과 서를 확인해 가장 좋은 위치를 고른 다음, 주변 지형지물을 활용해 텐트 치는 법을 아이들에게 가르치고 싶다. 배수로는 깊게 파는 것이 능사가 아니라는 것도 가르쳐야겠다. 마른 솔잎, 낙엽이나 잔가지, 솔방울 순으로 모닥불 땔감을 올려야 불이 잘 붙는다는 것도 가르쳐야겠다. 두꺼운 장작만 쌓아놓고는 망연자실 다른 텐트를 돌아다니며 깜빡 놓고 온 토치를 빌리는 수고를 덜 수 있을 것이다. 이미 높게 오른 모닥불의 세

어떤 캠핑 장비를 물려줄지는 천천히 생각해야겠다. 대신, 그 시간이 오기까지 지혜로운 캠핑이란 어떤 것인지 차근차근 얘기해주어야겠다.

기를 조절할 때에는 상추 몇 장이면 된다는 것은 단 한 번의 시범으로 충분할 것이다. 야밤에 지나는 이들이 걸려 넘어지지 않도록 팩은 머리끝까지 박아 넣어야 하며, 스트링에 은박지나 휴지를 감아놓는 것은 기본이라고 알려줘야겠다. 습한 날씨에는 비싼 거위털 침낭보다 저렴한 솜 침낭이 훨씬 좋다는 것도 말해주어야겠다. 해변이나 모래밭에 팩을 박을 때면, 주변 가게에서 비닐봉지 몇 장 얻는 것으로 준비는 끝이라는 것도 가르쳐주어야겠다.

문밖을 나서면서 대문 안에서와 똑같이 안락한 생활을 영위하려고 장비에 몰두하는 캠퍼는 아니었으면 좋겠다. 자신을 보호하고 담백한 캠핑을 즐기기에 모자람이 없도록, 내 아이들은 캠핑에 필요한 지혜를 충분히 갖추기를 바란다.

아이에게 캠핑 지식을 가르치기 위해 나도 배워둘 것이 있다. 부모로서 엄격함은 잃지 않되 벽을 쌓지 않는 친구 같은 아버지. 어떠한 질문에도 대답할 수 있는 전천후 아버지보다, 함께 고민해주는 동반자 같은 아버지. 볼품없는 시험 성적을 나무라기보다, 양심에 비춰보아 비겁한 행동은 강하게 질책할 수 있는 아버지. 캠핑하는 아버지들을 여럿 보면서 몸으로 익힌 바람직한 아버지상이다. 정녕 멋진 캠핑보다 어려운 것은 멋진 부모가 되는 것이다.

자신을 보호하고 담백한 캠핑을 즐기기에 모자람이 없도록, 내 아이들은 캠핑에 필요한 지혜를 충분히 갖추기를 바란다.

창을 걷어 바람을 느낀다

올라앉았다.
바다가 내려다보인다.

버릇처럼 바람을 막기보다
창을 걷어 바람을 느낀다.

눈은 바다에 떨어지기 전에
나의 텐트로 들이친다.
그전보다 하늘과 가까워졌으며,
보이는 것도 예전과 다르다.

생각해보니
항상 같은 것만 바라보았다.
내가 보는 것이 전부인 줄 알았다.
그리고 그것을 통해 생각하고 행동했다.

좀 더 다르게,
좀 더 다른 곳에서,
좀 더 다른 시선으로 바라보고 생각하지 않았던 나는
참으로 고집스러웠구나.

더욱 가까워진 소나무의 상큼한 향이
머리 위로 내려앉는다.

버릇처럼 바람을 막기보다
창을 걷어 바람을 느낀다.

캠핑, 내 아버지의 선물

소중한 사람과 함께한 첫 캠핑, 어땠나요?

야지에서 자는 하룻밤이 뭐라고 첫 캠핑은 부산스럽고, 사건 사고 많고, 눈물도 웃음도 많다. 하얗게 밤을 새워도 모자랄 추억담이 몽글몽글 떠오른다. 텐트를 단박에 못 쳐 체면이 안 서는 남편, 장비 타령하는 남편을 타박하는 아내, 그저 신이 난 아이들, 때론 위험천만한 순간이 닥쳐 가족의 소중함을 새삼 깨우친 시간들.

당신의 첫 캠핑은 어땠나요?

캠핑이 처음이라면 랜턴부터 준비하세요

첫 번째 이야기

전화벨이 울리면, 옆자리 여직원이 대신 받아 준다. 부장님이 찾으면 잠시 자리 비운 것으로 해 달라 했다. 나는 지금 인터넷 창 세 개를 띄워놓고 열심히 새로 고침 버튼을 눌러대고 있다. 다른 준비는 다 됐는데, 텐트가 없기 때문이다. 새 제품을 구입하자니 돈이 모자란다. 지난 한 달간 계획에도 없고 필요도 없는 야근을 매일 했지만, 우리 네 식구의 첫 야영을 책임질 텐트를 구입하자니 야근 수당으로는 턱없이 모자란다. 물론, 돈에 맞추어 적당한 크기의 텐트를 구입할 수도 있다. 하지만 두 달 가까이 온갖 인터넷 블로그를 넘나들며 캠핑 후기에 등장한 텐트 수십 개를 비교 분석한 결과, 비싸더라도 좀 멋지고 커야 할 것 같았다. 기왕에 하는 것, 제대로 해야겠다 마음먹었기에 번듯한 텐트는 타협의 여지가 없는 필수 항목이 됐다. 사실, 총각 때는 낚시가 취미였다. 그 당시 내 철학은 '물고기는 비싼 낚싯대를 알아본다'는 것이었다. 비싼 낚싯대를 썼지만 결과가 나쁘면 미끼를 잘못 쓴 탓이고, 싸구려 낚싯대를 썼다면 낚싯대 탓이니까.

'으라차차! 왔구나!'

내가 찾는 텐트가 중고 매물로 올라왔다. 재빨리 답글 버튼을 눌러 간단한 메모부터 남겼다.

'찜합니다.'

이어서 '답글 저장' 버튼을 눌렀다. 이놈의 회사 PC는 느려터져서 큰일이다. 모래시계가 10분은 돌아가는 것 같다. 가슴이 조마조마했다.

아뿔싸.

간발의 차이로 '허공'이라는 닉네임을 가진 사람이 먼저 구매 글을 달아버렸다.

'허공 : 찜!'

허탈한 마음을 뒤로하고 혹시나 하는 마음에 뒤이어 답글을 달아놓았다.

'해바라기 : 거래 불발 시 연락주세요. 줄 서봅니다.'

졸지에 허공만 바라보는 해바라기 신세가 되었다.

마음이 급해졌다. 당장 이번 주말에 캠핑 가야 하는데, 벌써 수요일이고 텐트는 없다. 인터넷이든, 중고 거래든 배송 기간을 따져봤을 때 오늘은 결판을 내야 한다. 만약 못 구하면 아웃도어 전문 매장에 가서 제값 다 주고 새 제품을 구해야 할 판이다. 퇴근 시간이 다 되어가는데도 매물이 없어 안달만 났다. 장고 끝에 인터넷으로 저렴한 새 제품을 구매하기로 했다. 이미 장바구니에 담아두었던 폴 두 개짜리 돔 텐트를 클릭했다. 값은 5만 원이지만, 사진만 보면 5만 원 이상의 기능을 해줄 것 같았다. 4인용인 데다 출입구에 캐노피를 높다랗게 칠 수 있어서 적당히 그늘도 만들 수 있는 제품이었다. 단지 상품평이 한 줄도 없는 신규 등록 제품이고, 처음 보는 브랜드라는 점이 맘에 걸려 망설이고 있었다. 그러나 오늘 벼랑 끝에 몰린 나로서는 어쩔 수 없는 선택을 해야 했다. 결국 구매 버튼을 눌렀고, 플라이가 없는 제품이라 김장용 비닐도 함께 구입했다. 배송 예정일은 이번 주 금요일. 자

이미 머릿속에는 캠핑장에서 한가로이 여유를 만끽하는 우리 가족의 행복한 모습이 그려져 행복감에 차츰 젖어갔다.

신을 위로한다.

'우선 이걸로 캠핑하고, 야근 더해서 더 크고 좋은 텐트 구하지 뭐.'

캠핑의 화룡점정, 텐트를 계획대로 구하지는 못했지만, 캠핑 장비의 구색은 갖추었다. 여름이라 침낭 대신 집에서 홑이불을 들고 가기로 했고, 그릇은 대형 마트에서 미키마우스가 그려진 멜라민 식기로 대체했다. 뽀로로 식기는 비싸서 못 샀다. 수저야 집에 있는 것 들고 가면 될 일이고, 랜턴은 자전거에 달린 LED 플래시로 대신하기로 했다. 버너는 아버지께서 물려주신 황동 알코올 버너를 들고 갈 것이다. 한 달 전에 창고를 뒤져 찾았는데 녹 제거하는 데 거의 일주일을 보내고 불 켜는 방법을 연구하는 데 꼬박 하루를 보냈다. 이제는 반짝반짝 빛나는 어엿한 캠핑 장비로 다시 태어났다. 매트와 의자, 접이식 테이블 등 살림살이 한 채를 한꺼번에 준비하려니 이만저만 복잡한 게 아니었다. 적은 돈으로 최대한 편하게 캠핑하기 위해 알뜰살뜰 장비를 마련했다.

드디어 금요일, 퇴근하자마자 아내와 아이들을 대형 마트에서 만나기로 했다. 어젯밤에 모든 장비를 차에 실어놓았으니 장을 본 뒤 아이스박스에 담아서 캠핑장으로 출발하면 된다. 오늘도 옆자리 여직원은 나 대신 전화 받아주느라 분주했다. 미리 예약해둔 캠핑장의 어느 자리가 명당인지, 인터넷 검색하느라 오전을 다 보냈다. 오후에 잡혀 있던 현장 실사는 자료로 대체했고, 대리점 사장님과의 미팅은 다음 주로 미뤘다. 갈아입을 옷도 미리 준비해왔으니 이제 퇴근 시간만 기다리면 될 일. 오후 3시, 집으로 전화해 아내의 준비 상황을 체크하고 아이들이 학원에서 돌아오는 시간도 재확

인했다. 두 시간 남았다. 생전 사 먹지 않는 생과일주스를 여직원에게 사다 주었다. 놀러 가는 데 정신 팔린 상사 때문에 은근히 몸과 마음이 힘들었을 테니까.

"선배, 어제 집에서 우연히 홈쇼핑 채널을 봤는데요. 텐트 팔더라고요. 요즘은 캠핑을 많이 다니나 봐요. 금방 매진되던데요?"

후배 녀석과 자판기 커피를 한잔했다. 캠핑에 대해선 한마디도 하지 않았는데 먼저 이야기를 꺼냈다. 그동안 인터넷에서 캠핑 관련 글을 얼마나 많이 읽었던지, 한 번도 캠핑을 가본 적은 없지만 후배에게 잡다한 지식을 전해줄 정도로 박식해졌다.

"장비 마련하려면 목돈이 좀 들긴 하는데, 한 번 사놓고 관리만 잘하면 애들까지 쓰니까. 따지고 보면 돈 많이 드는 취미도 아냐. 나한테 우리 아버지가 쓰시던 버너가 있는데 아직도 쓸 만하더라고."

사실 이번 캠핑을 준비하면서 보통 캠퍼들이 초기 비용으로 지불하는 목돈의 10분의 1 정도만 썼다. 하지만 후배 녀석 앞에서 조금은 우쭐대고 싶었다. 흔한 취미도 아니고, 색달라 보이고도 싶었고, 얼리어답터 같은 멋진 선배가 되고 싶었으니까. 후배와 커피 한잔하면서 수다 떨다 보니 퇴근 시간이 다 되었다. 재빨리 자리로 돌아가서 결산을 마치고 옷을 갈아입은 뒤 아내와 약속한 장소로 향했다. 트렁크에 가득한 짐 더미 사이에서 달그락거리는 소리가 났다. 아마도 냄비 속에 넣어둔 수저끼리 부딪히는 소리이리라. 그마저 경쾌하게 들리는 첫 캠핑의 시작이다. 운전하는 내내 흥얼거림이 멈추지 않았다. 퇴근길에 오른 수많은 사람들을 차창을 통해 보니 왠지 나보

다 덜 행복해 보였다. 이제 곧 달빛으로 술잔을 채우고, 별빛을 안주 삼아 하룻밤을 보낼 나는 이 세상에서 제일 행복한 사람이니까. 적어도 이번 주말만큼은.

아이들과 아내를 만나 함께 장을 보았다. 이것저것 맛난 것들을 정신없이 카트에 넣다 보니 10만 원이 훌쩍 넘어버렸다. 아내도 첫 캠핑에 들떴는지 잘 마시지도 못하는 와인을 한 병 덥석 집어왔다. 카트에 가득 담은 맛난 음식들을 아이스박스에 다 넣지 못해 수박과 참외는 뒷자리 아이들과 함께 실

었다.

오후 7시, 드디어 출발. 내비게이션에 미리 저장해둔 캠핑장을 찍었다. 거리는 180km, 도착 예정 시각은 10시 20분! 모든 것이 완벽히 준비되었다. 멈춤 없이 달리기 위해 아이들은 화장실까지 다녀오도록 했다.

"여보 출발할까?"

"오케이!"

시내를 빠져나올 때까지 퇴근길 정체에 시달렸지만, 고속도로는 뜻밖에 한산했다. 밤이라 주변 풍광을 감상하며 달릴 수 없어 아쉬웠다. 하지만 이미 머릿속에는 캠핑장에서 한가로이 여유를 만끽하는 우리 가족의 행복한 모습이 그려져 행복감에 차츰 젖어갔다. 차만 타면 자는 작은 녀석도 설레는지 말똥말똥한 눈으로 자잘한 질문을 계속했다.

"아빠, 캠핑장 가면 밤도 구워 먹고 그래?"

"그건 가을에나 하는 거야."

"아빠, 캠핑장 가면 풍선 사줘."

"그것보다 재미있는 일이 더 많아."

"아빠 나 밥 먹고 계속 수영할 거야!"

"그래, 때 나올 때까지 불려라. 하하하."

밤 10시가 조금 넘은 시간, 우리는 가로등조차 없는 시골길을 달리고 있었다. 에어컨을 끄고 차 창문을 열었더니 상큼한 풀 냄새를 담은 시원한 바람이 이마를 스쳐 갔다.

"아… 좋다."

드디어 캠핑장에 진입했다. 계곡 위에 놓인 섶다리 수준의 작은 다리를 건너자 야시장을 방불케 하는 광경이 펼쳐졌다. 수십 개의 랜턴이 뿜어내는 밝은 불빛이 우리 가족을 반겼다. 집이었다면 스포츠 뉴스까지 챙겨 보고 잠을 청할 시간이지만, 이곳 캠핑장은 아직 분주한 즐거움이 흥건해 보였다. 모닥불을 지피고 삼삼오오 모여 있는 사람들, 텐트 밖으로 흘러나오는 웃음소리들.

'그래, 바로 이거야! 내가 상상한 캠핑은 딱 이런 모습이지!'

마중 나온 주인의 안내를 받아 예약한 캠핑장에 주차를 했다. 우리 자리 양옆의 텐트에는 동행인 듯한 두세 가족이 모여 놀고 있었다. 조금 소란스러울 것 같기는 했지만, 뭐 놀러 온 거니까 오히려 이런 분위기가 필요할지도 모른다. 아이들은 차 안에 있게 하고, 아내와 내가 텐트를 설치하기로 했다. 아내가 플래시를 들고 내가 텐트를 펼쳐보았다. 문제는 이때부터였다. 당최 어디서부터 시작해야 할지 난감했다. 인터넷으로 설치 완료된 사진만 봤지 설치하는 방법은 신경도 쓰지 않았다. 우선 가장 쉬운 일부터 했다. 폴대를 조립해두는 것이다. 끼우기만 하면 되니까 5분도 안 걸렸다. 이제 이 기다란 막대를 천에 끼워야 하는데 어느 구멍으로 넣어야 하는지, 과연 넣어도 되는지 불안했다. 넣다가 부러지기라도 하면 곧장 짐 싸서 집으로 돌아가야 할 수도 있기 때문이다.

"여보, 설명서 보고 해."

사실 그 생각을 안 한 것은 아니었다. 하지만 설명서 안 보고 후다닥 텐트 치는 깔끔한 실력을 아내에게 보여주고 싶었다. 그러나 나의 당황한 모습을 아내가 알아차리고 말았다.

"어, 그래야겠어. 밤이라 좀 헷갈리네."

말끝을 흐리면서 케이스 안에 있던 설명서를 뒤적거려 찾았다. 간단해 보였다. 설명서 내용을 머릿속에 담고 폴대를 텐트에 끼워 넣었다. 하지만 어디가 앞이고 뒤인지 분간하기 어려웠다. 끼우다 보니 폴이 부러질 듯 휘어졌다. 플라스틱 재질이라 가슴이 콩닥거렸다. 간신히 하나 끼우고 나머지 폴도 끼워보았다. 이미 하나를 끼운 상태라 처음보다 더 어려웠다.

아이들은 아버지가 반 짓고 다른 사람들이 나머지 반을 지어준 생애 첫 번째 텐트에서 이리저리 뒹굴며 '완전 좋다!'를 연발했다.

캠핑, 내 아버지의 선물

"좀 도와드릴까요?"

옆 텐트에서 놀던 장정 두 명이 정처 없이 헤매고 있는 나에게 다가왔다.

"아… 네…"

못 이기는 척 그들의 제안을 받아들였다. 아내를 바라보니 팔짱을 끼고 있었다. 그들이 들고 온 랜턴 두 개가 어둠을 걷어냈다. 대낮처럼 밝아진 우리 캠핑장에서는 텐트 조립 시연이 펼쳐지는 양 척척 진행되었다. 나도 한 손을 거들어보지만, 어찌된 일인지 오히려 거치적거리는 느낌이었다. 왜냐하면 나의 시선이 그들이 들고 온 랜턴에 꽂혀 있었기 때문이다.

'저건 무엇일까? 마치 북극성과도 같은 밝음이다.'

5분도 채 안 되어 나의 텐트는 캐노피까지 펼쳐진, 인터넷 쇼핑몰에서 보았던 모습 그대로 팽팽한 위용을 뽐내었다.

"텐트 안 정리만 하시면 됩니다. 한밤에 소나기가 내린다고 하니 배수로를 미리 파놓으셔야 할 거예요."

아내와 나는 그들에게 감사 인사를 두 번이나 했다. 그들이 아니었다면 아마도 한 시간은 넘게 헤매었을지도 모른다. 텐트 안에 매트와 이불을 깔아놓고 갖가지 소품들을 보기 좋고 쓰기 편하게 배치했다. 캐노피 아래에 의자와 테이블을 펼쳐놓으니 캠핑 후기에서 보았던 모습을 구현한 듯했다. 아이들은 아버지가 반 짓고 다른 사람들이 나머지 반을 지어준 생애 첫 번째 텐트에서 이리저리 뒹굴며 '완전 좋다!'를 연발했다.

"여보, 배 안 고파?"

시계를 보니 12시가 훌쩍 넘었다. 설렘과 긴장의 연속이라 허기도 느끼지 못했다. 첫날 저녁에는 된장찌개로 식사를 한 뒤 숯불에 고기를 구워 아내와 와인 한잔 기울이려 했는데, 시간이 이렇게 지난 줄은 몰랐다. 결국 저녁은 마지막 날 철수하면서 먹으려 했던 라면으로 때웠다. 아이들도 배고팠는지 국물까지 비워버렸다. 포만감에 몸이 늘어졌다. 아내와 와인을 마시며 그간 못했던 마음속 이야기를 나눠보려 했는데, 졸면서 할 판이다. 오늘은 일찌감치 쉬는 게 좋을 것 같았다. 설거지는 내일 아침에 하도록 하고 텐트로 들어가 잠자리를 보았다.

"여보, 여기 씻는 데 어디야? 애들도 씻어야 하는데."

"어, 입구 쪽 조립식 건물이야. 샤워 꼭지는 없고, 세면대에서 씻어야 해."

아내에게는 이 캠핑장에 샤워 시설이 없으며, 온수는 안 나온다는 말을 미리 하지 않았다. 행여 씻는 문제로 캠핑을 마뜩잖아할까봐 조바심이 났기 때문이다. 샤워 꼭지가 없다는 말에 아내는 의외로 무표정했다. 아마도 체념한 듯. 이제 와서 불평해본들 아무 소용이 없다는 것을 알아차렸기 때문이리라.

네 식구 모두 고양이 세수를 하고 텐트로 들어가 잠을 청했다. 텐트 치고라면 끓여 먹은 게 다인데, 몸이 무거웠다.

"여보, 오늘 고생 많았어."

아내에게 미안한 마음을 전했다. 야지에서 가족을 책임지는 남편이자 아빠의 듬직한 모습을 보리라 생각했을 텐데, 텐트는 남이 쳐주고 첫 끼니는 라면으로 때웠으니 말은 안 해도 실망했을 것이다.

"당신, 나 팔베개해주면 안 돼?"

오늘, 마지막까지 아내를 힘들게 한다. 베개를 안 가져온 것이다. 언제 팔베개를 해줬나 기억이 가물가물한데 이렇게 캠핑장에서 팔베개를 해줄 줄은 몰랐다. 팔베개를 해주니 아내는 되려 내 품을 파고들어왔다. 따뜻하다. 정말 오래간만에 아내의 온기를 느끼며 잠이 들었다.

〈두 번째 이야기로 이어짐〉

캠핑이 처음이라면 랜턴부터 준비하세요
두 번째 이야기

툭… 툭… 후드득….

처음엔 누가 텐트에 작은 돌을 던지는 줄 알았다. 알고 보니 빗소리였다. 아까 그 남자들이 얘기한 소나기 소식이 머릿속을 스쳤다. 시계를 보니 새벽 3시. 배수로 파는 것을 깜빡 잊었다. 더 쏟아지기 전에 김장용 비닐로 텐트를 덮고 배수로를 파야 한다. 만약 텐트 안으로 물이 차오르기라도 한다면 엉망이 돼버린 첫 캠핑 때문에 다시는 가족 캠핑을 못할 수도 있다. 아내가 깨지 않도록 팔베개를 살며시 빼고는 텐트에 걸려 있던 플래시를 들고 밖으로 나갔다. 빗방울이 굵다. 심상치 않다. 배수로를 파야 하는데 삽이 없었다. 옆집은 이미 배수로를 파놓았으니 당연히 삽이 있겠지만 지금 이 시간에 물건을 빌리기 위해 사람을 깨울 수는 없는 일. 플래시를 켜고 주변을 둘러보았다. 텐트 뒤로 어른 팔뚝 굵기의 나뭇가지가 널브러져 있는 것이 보였다. 삽 대용으로 쓰기에 나쁘지 않다. 손으로 땅을 팔 수는 없는 노릇이니까.

플래시를 입에 물고 애들과 아내가 잠에서 깨지 않도록 조심스럽게 물길을 냈다. 다행히 나뭇가지가 삽 역할을 잘해주었다. 다만 부실한 장비로 땅을 파느라 애를 쓰다 보니, 플래시를 물고 있는 입에도 힘이 들어가 아래턱 뼈가 점점 뻐근해졌다.

"여보, 당신이야? 뭐해?"

잠귀가 매우 밝은 아내가 잠자던 남편이 없어진 데다 땅 긁는 소리가 나자 밖으로 나와 멀뚱멀뚱 나를 쳐다보고 있었다. 덩달아 깜짝 놀란 나는 아내를 텐트 안으로 다시 모셔놓고 남은 배수로 작업을 끝냈다. 트렁크에 실어놓았던 김장용 비닐을 꺼내 텐트를 덮고 군데군데 호박돌로 눌러놓았다. 그새 비는 더 굵어져 내 몸은 물에 빠진 생쥐 꼴이 되었다. 이대로 텐트에 들어가자니 이불마저 다 적셔놓을 것 같았다.

캠핑장은 빗방울이 텐트를 때리는 소리로 가득했다. 담배 한 개비를 입에 물었다. 플래시 손잡이는 내 이빨 자국으로 엉망이 되었다. 캐노피 아래 펼쳐놓은 의자에 앉아 잠시 오늘 하루를 곱씹어보았다.

'그래, 편할 수는 없지. 야외인데.'

필터까지 태울 뻔한 담배를 끄고 옷을 벗었다. 새벽이라 보는 사람도 없으려니 생각하고 팬티만 입은 채로 텐트에 들어갔다. 아내는 그사이 깊은 잠에 빠진 것 같았다. 인기척에도 꿈쩍하지 않았다. 곤히 잠든 아내에게 팔베개를 해주었다. 다시 내 품을 파고들었다.

아이들의 웃음소리, 새소리, 텐트를 비추는 아침 햇살의 간지러움 그리고 아내의 비명에 잠에서 깨었다.

"어머! 뭐예요, 당신? 변태!"

팬티만 달랑 입고 자는 남편을 본 아내가 놀란 모양이다. 이미 일어나 놀고 있던 애들은 헐벗은 아빠를 보고 '플래시맨'이라며 좋아했다. 오전 8시. 캠핑 오면 늘어지게 늦잠 잘 수 있을 것이라 생각했는데 평소 집에서 일어나는 시간하고 똑같았다. 아내가 챙겨주는 여분의 옷을 주섬주섬 챙겨 입

상쾌한 공기가 덜 깬 잠을 말끔히 씻어냈다. 비 온 뒤라 아직 눅눅했지만, 맑게 갠 청명한 하늘을 바라보니 기분이 상쾌했다.

"당신이 애들 데리고 물놀이 다녀와. 내가 아침 준비해놓을게."

캠핑, 내 아버지의 선물

고 밖으로 나가보았다. 상쾌한 공기가 덜 깬 잠을 말끔히 씻어냈다. 비 온 뒤라 아직 눅눅했지만, 맑게 갠 청명한 하늘을 바라보니 기분이 상쾌했다. 환한 햇살 아래 보니 큰 텐트들 사이에 자리 잡은 작은 우리 집이 조금은 초라했다. 마치 난민촌의 텐트처럼.

우리 텐트는 김장용 비닐을 덮어 뿌옇게 습기가 찼다. 재빨리 호박돌을 치우고 비닐을 걷어냈다. 아이들은 텐트 안에서 튜브에 바람을 불어넣고 있었다. 아침 댓바람부터 물놀이할 심산인가 보다. 하지만 새벽에 잠을 설친 데다가 어제저녁을 라면으로 때웠더니 나는 아침부터 속이 쓰렸다.

"당신이 애들 데리고 물놀이 다녀와. 내가 아침 준비해놓을게."

캠핑장 옆의 작은 계곡에 아내와 아이들을 보내놓고 혼자서 식사 준비를 했다. 된장국과 마른반찬으로 간단히 아침을 해결하는 게 좋을 것 같았다. '아버지의 빛나는 버너'에 펌프질부터 했다. 김장용 비닐로 다소 상처 입은 초보 캠퍼의 이미지는 아침 햇살에 빛나는 앤티크 황동 버너로 약간 회복되는 것 같았다. 주변 사람들이 지나가며 힐끗힐끗 곁눈질하는 눈빛에 부러움이 가득해 보였다. 문제는 펌프질을 끝내고 예열을 아무리 해줘도 버너는 기름방울을 침 뱉듯 뿜어댈 뿐 밥 지을 만큼 불이 올라오지 않는다는 것이었다. 30분째 펌프질을 해댔다. 텐트 너머 계곡에서 아침부터 발 담그고 놀고 있는 아내와 아이들이 조금만 더 놀다 오기를 바랄 뿐이었다. 짐 줄이고 멋 부린답시고, 집에 있던 휴대용 가스레인지를 놓고 온 것이 후회스러웠다. 펌프질하던 엄지손가락이 뼛속까지 고통스러웠다.

그늘에서 펌프질하는데도 이마에서는 땀이 흘렀다. 집에서 시험했을 때는 분명 강렬한 파란 불꽃을 피워 올렸는데 막상 전장에선 맥을 못 췄다.

"제가 좀 봐드릴까요?"

어제 텐트를 쳐준 구세주가 또 나타나셨다.

"아… 네…."

이 사람, 고수다. 딱 한 번 펌프질하더니 원인을 알아냈다.

"연료를 너무 가득 채우셨네요. 공간이 없어서 공기 압축이 안 되는 것 같습니다."

캠핑 준비를 너무 과하게 했나 보다. 테스트를 끝내고 기름을 가득 채워 넣은 것이 화근이었다. 그가 시키는 대로 연료를 조금 덜어내고 다시 펌프질, 예열, 점화했더니 예쁜 불꽃이 올라왔다. 또다시 감사하다는 인사를 연거푸 했다. 그는 하룻밤 새 두 번이나 감사 인사를 받았다. 그것도 같은 사람에게.

씻어놓은 쌀을 불 위에 올렸다. 이제 밥이 타지 않게 시간과 불 세기만 잘 조절하면 된다. 밥을 지어놓고 국을 만든 뒤 상을 차리면 오늘 아침은 별 탈

아이들은 텐트 주변에서 흙장난을 한다. 어린이집과 학원을 쳇바퀴 돌듯 반복하는 아이들에겐 흔치 않은 건강한 일탈의 기회다.

없이 준비 완료. 시작이 매끄럽지는 못했지만, 도우미가 나타나 원만히 해결되었고, 중요한 것은 이 모습을 아내와 아이들이 못 봤다는 것이다. 텐트 하나 제대로 못 치던 변태 플래시맨 아빠가 버너까지 못 켜는 꼴을 보여서는 안 될 일이다. 의자에 걸터앉아 밥 끓기를 기다리고 있는데 아내와 아이들이 왔다. 아이들은 이미 입술이 파랬다. 밥 짓는 냄새가 솔솔 올라왔다.

"내가 도와줄 건 없어요?"

한결 표정이 밝아진 아내가 일손을 거들어주려 하기에 여유로운 웃음으로 화답했다.

"아니야, 괜찮아요. 애들만 챙겨줘요. 여기까지 와서 끼니 챙기지 않아도 돼요. 하하하."

처음 해본 냄비 밥치고는 정말 잘되었다. 아이들은 미키마우스 그릇에 떠준 밥을 게 눈 감추듯 해치웠다. 아내도 갑자기 먹성이 좋아진 아이들을 보고 흐뭇해한다.

"설거지는 내가 할 테니까, 당신은 쉬고 있어요."

설거지 그릇들을 챙겨서 당당히 개수대로 향했다. 등 뒤로 꽂히는 아내의 사랑이 팍팍 느껴졌다. 말끔히 설거지를 끝내고 텐트로 돌아와 커피를 끓였다. 아이들은 텐트 주변에서 흙장난을 한다. 아내가 못하게 말렸지만 내가 그냥 내버려두라고 했다. 어린이집과 학원을 쳇바퀴 돌듯 반복하는 아이들에겐 흔치 않은 건강한 일탈의 기회. 놀이터 바닥마저 우레탄 매트가 깔린 요즘, 흙이 전하는 자연의 촉감은 눈이 번쩍 뜨이는 새로운 장난감이고, 이 경험은 더없이 소중할 것이다.

커피를 홀짝이던 아내가 말했다.

"당신 오늘 멋져요. 매일 이랬으면 좋겠어요. 호호호."

"그럼 매일 캠핑 다니면 되지. 하하하."

어느덧 해는 중천에 걸리고 간단한 간식거리로 점심을 해치웠다. 아내도 어젯밤 선잠을 잤을 테고, 나도 배수로 때문에 잠을 설친 터라 나른한 오후의 공기에 취해 스르르 낮잠에 빠져들었다. 지는 볕이 얼굴에 닿아 눈을 떠 보니, 세 시간이 지났다. 이런 것이 캠핑하는 사람만이 느끼는 또 다른 행복이자 달콤함일 것이다. 잠에서 깨어나기 싫었지만, 저녁 준비를 해야 하고 마지막 밤을 좀 더 인상적으로 보내려면 이것저것 준비할 게 많았다.

그런데 애들이 안 보인다.

분명 옆에서 아이들이 흙장난하고 있었는데 잠에서 깨고 나니 없어진 것이다. 아내는 이런 줄도 모르고 아직도 꿈나라였다.

"여보! 일어나봐. 애들 어디 있어? 텐트에도 없는데?"

잠에서 덜 깬 반쯤 감긴 눈으로 일어나던 아내가 애들이 없어졌다는 말을 듣고 눈이 휘둥그레졌다. 의자를 박차고 일어나 계곡으로 달려가보았다. 차 타고 올 때부터 물놀이 노래를 부르던 작은 녀석 생각이 번뜩 났기 때문이다. 몇몇 아이들과 어른들이 계곡에서 물놀이를 하고 있기는 했지만, 우리 애들은 보이지 않았다.

"키는 요만하고요, 얼굴은 이렇고요, 옷은 저런 걸 입었는데, 못 보셨어요?"

아내와 나의 물음에 물가에 있던 아저씨들은 입을 삐죽이며 고개를 좌우로 저었다. 아내와 나는 캠핑장 구석구석을 훑으며 아이들 이름을 불러댔다. 아이들에게 행여 무슨 일이라도 생긴다면, 낮잠을 이겨내지 못하고 자버린 나 자신을 용서하지 못할 것 같았다. 평생 가슴에 못을 박고 살지도 모를 일이다. 아이들을 부르는 목소리에 더욱 힘이 들어갔다. 드넓은 캠핑장 입구부터 시작해 반대편 끝자락에 있는 우리 텐트까지 다 돌아보았다. 아내의 얼굴이 어두웠다. 땀에 젖은 머리카락이 얼굴 여기저기에 붙어 더 안쓰러웠다.

"여보 미안해. 내가 좀 더 찾아볼게."

이 말을 마치자 아내가 눈물을 흘렸다. 해는 이미 서산을 넘어간 지 오래.

하늘은 붉은빛으로 가득하고 더 어두워지기 전에 아이들을 찾아야 한다. 허리춤에 손을 올리고 캠핑장을 다시 한 번 둘러보았다. 눈물을 훔치며 아내도 따라나섰다. 그 순간 뒤에서 익숙한 목소리가 들렸다.

"엄마 어디 가?"

작은 녀석이 옆집 텐트에서 나오며 말똥말똥한 눈으로 엄마를 바라보고 있었다. 손에는 처음 보는 오락기를 들고 있었다. 아내가 작은 녀석을 와락 끌어안고 펑펑 울기 시작했다.

"엄마 여기 침대도 있고 정말 좋아!"

나는 작은 녀석이 나온 텐트로 뛰어들어가 보았다. 큰놈이 또래들과 함께 텐트 안에서 게임을 하고 있었다.

"어? 아빠?"

다리 힘이 풀리면서 주저앉을 뻔했다. 잃어버린 줄 알았던 아이들을 찾기는 했지만 너무 화가 나서 소리를 지를 뻔했다. 아이들에게 화난 것이 아니라, 나 자신에게 너무 화가 났던 것이다. 무엇 하나 제대로 준비하지도 못하고 가족들 고생만 시킨 것 같아 안 그래도 미안한 마음이었는데, 아이들까지 잃어버릴 뻔했으니 아빠로서 남편으로서 자격이 없다는 자괴감이 무섭게 밀려왔다. 아이들은 엄마 아빠가 모두 낮잠에 곯아떨어져서 옆 텐트 친구들과 놀겠다는 말도 못했다는 것이다. 옆 텐트는 어른들이 모두 장보러 나간 터라 아이들만 남은 모양이었다. 놀라서 불안정한 부모의 모습에 아이들이 더 불안해할까봐 저녁을 준비하는 동안 아이들에게 옆 텐트 친구들과 더 놀라고 했다.

나는 아내를 진정시키기 위해 녹차를 한 잔 타주었다. 아내는 한참을 멍한 표정으로 앉아 있었다. 나는 아무 말 없이 저녁을 준비했다. 애들 먼저 먹일 밥을 짓고, 아내와 둘이서 와인을 마시기 위해 안줏거리도 준비했다.

아이들은 어른들이 돌아온 옆 텐트에서 저녁까지 얻어먹었다. 첫날부터 도움받았던 터라 미안하고 고마운 마음에 수박을 쪼개 나누어줬다.

캠핑장의 밤이 서서히 깊어갔다. 모두 북극성과 같은 랜턴들을 휘황찬란하게 밝힐 때, 우리 집은 내 이빨 자국 가득한 플래시 하나에 다소곳이 의지했다. 아이들은 텐트 안에서 이미 깊은 잠에 빠져들었다. 아침부터 물놀이에 흙장난에 하루 종일 뛰어 놀기만 했으니 10시가 넘어가는 이 시각, 잠들지 않을 수 없을 것이다. 아내는 곤히 잠든 아이들의 머리를 번갈아가며 쓰다듬어주고 있었다.

"여보, 이리 나와요. 술 한잔하자."

굳은 표정이 가시지 않은 아내가 아무 말 없이 텐트 밖으로 나왔다.

초저녁에 준비해두었던 안줏거리와 와인을 꺼내놓았다.

"많이 놀랐지? 미안해. 애들은 매일 당신한테만 맡겨놓고…. 나도 앞으로는 신경 쓸게."

"아녜요. 당신은 이것저것 하느라 바쁜데 뭘. 내가 애들 안 보면 뭐해요."

아내의 잔에 와인을 따라주었다. 그 잔을 받는 아내의 손이 거칠어 보였다. 달빛에 겨른 와인의 적색 그림자 너머로 아내의 주름살이 일렁였다. 가슴이 먹먹해왔다.

"미안해, 그리고 고마워."

와인 잔이 아닌 멜라민 미키마우스 컵에 따른 술이었지만, 세상 그 어느 와인보다 깊고 달콤한 맛이었다.

그렇게 무사히 밤을 보내고 아침이 밝았다. 마지막 날 캠핑은 일찍 마무리하고 남은 휴일을 집에서 편히 쉴 계획이었다. 단출한 장비 덕분에 철수하는 데 그리 오래 걸리지 않았다. 아침은 미리 준비한 빵으로 간단히 해결했다.

원래는 돌아오는 차 안에서 아내에게 다음 달 캠핑 계획을 말하고 동의를 구할 생각이었다. 하지만 그 계획은 목구멍까지 차오르다가 열리지 않는 입에 막혀 가슴에서 맴돌기만 했다. 그저 운전대만 만지작거릴 뿐이었다. 금요일 밤 시작한 우리의 첫 캠핑. 쾌적하고 여유롭고 즐거웠다 말하기엔 사건 사고가 많았다. 한동안 정적이 흘렀다. 그 정적을 깬 건 뒷자리에서 연신 까불거리던 작은 녀석이었다.

"엄마, 우리 또 언제 캠핑 가요? 우리 또 가요, 또. 네?"

큰놈은 뒷자리에서 이 상황을 조심스럽게 지켜보고 있는 듯했다. 플래시를 물었던 턱이 다시 얼얼해왔다. 다시 캠핑을 가게 된다면 랜턴만은 꼭 사야겠다.

"엄마, 우리 또 언제 캠핑 가요? 우리 또 가요, 또, 네?"

"머리하고 다리의 피부터 닦아요! 골절인가봐! 엑스레이 준비하고, CT도 말해놔요!"

"선생님, 저체온입니다! 눈밭에 쓰러져 있었어요. 수습해오는 내내 회복이 안 됐어요."

손이 한두 개가 아니다. 여러 사람이 주무르는 통에 내 몸은 이리저리 흔들리고 있다. 사정없이 밝은 형광등 빛이 눈을 찌르는 통에 간신히 뜬 눈을 다시 감고 말았다. 시끄럽고, 분주하고, 다급한 목소리다. 사람들 얼굴이 어른거리는데, 다시 눈을 뜰 수가 없다. 너무 추운데, 졸리다. 누군가 내 뺨을 때리지만 어떤 말을 할 수도, 움직일 수도 없다. 나는 다시 깊은 잠에 빠져들었다.

"어제 많이 바빴어? 응급실이 아무리 바빴어도 아침에 회진 돌 땐 머리라도 빗어라, 이 사람아. 당신이 환자 같잖아. 쯧쯧. 어디 보자. 이 환자야? 어제 눈밭에서 119구급차가 싣고 왔다는? 검사 결과는?"

"카본마낙사이드 중독입니다."

"눈밭에서? 뭐하다가?"

"캠핑장에서 신고가 들어왔답니다."

"캠핑장? 추가 확인된 거 있어?"

"안면 일부 1도 동상입니다."

"눈밭에 코 박고 있었구먼. 숨 쉬는 게 천만다행이다. 자네도 캠핑한다며? 이거 위험한 취미 아니야? 주말에 싸다니지 말고 전공의 시험 공부나 열심히 해라!"

사람들 웅성거리는 소리가 들린다. 그 소리들이 점점 멀어지더니, 긴 터널 안을 홀로 걷는 것처럼 점차 고요해졌다. 또다시 깊은 잠에 빠져들었다.

"여보, 눈이 왔어도 캠핑할 만하지? 하하하."

"그런데 우리 난로 사야 하는 거 아니야? 지금은 그렇게 춥지 않지만 해 떨어진 후에도 괜찮을까? 동계 캠핑을 한 번 하고 말 것도 아닌데?"

"아이고, 마누라님 눈치 한 번 빠르시네! 그럼 우리 난로 사도 돼?"

"음. 그것까지는 허락하겠습니다. 그나저나 나중에 애들 생기면 장비 바꿔야 하는 거 아냐?"

"그때는 좀 더 넉넉한 사이즈로 사야지! 애들하고 같이 쓸 건데. 뭐, 지금 준비해도 10개월 뒤에나 애 태어날 테고 낳자마자 캠핑 다닐 수는 없으니까 시간은 많아. 천천히 준비해도 될 것 같은데?"

"하긴."

"그럼 우리 오늘부터 준비할까? 어?"

"무슨 소리야? 여하튼 징글맞기는. 어서 술이나 한잔 받으셔요."

늦여름부터 어쭙잖게 캠핑을 다니기 시작한 우리는 어느새 캠핑장에서 첫눈까지 맞은 어엿한 중견 캠퍼였다. 아이가 없어 갖춰야 할 장비가 남들보단 적었다. 단출한 장비로 캠프 사이트를 꾸미는 우리 부부는 늘 주변으로부터 예뻐 보인다는 칭찬과 부러움을 샀다.

처음엔 싸우기도 많이 싸웠다. 조막만 한 방에 들어가는 월세도 부담스러우는데, 계획에 없던 캠핑 장비에 목돈을 지출하고 한 달에 한두 번은 꼬박꼬박 산으로 들로 쏘다니니 살림이 전보다 더 팍팍해질 수밖에 없었다. 하지만 경제적인 부담을 가뿐히 참아낼 만한 행복을 차츰 찾아갔다. 아침저녁으로 한 시간 남짓 마주치는 건조한 일상에 신혼의 달콤함은 잊혀졌다. 결혼하면 매일이 분홍빛이고 행복할 줄만 알았는데, 이건 그야말로 살기 위해 사는 것이었다. 그런 와중에 캠핑에 입문했고, 주말마다 아내와 데이트하듯 캠핑을 하며 행복한 일상 탈출을 감행했다.

"자기야, 나 추워. 나 또 콧물 흐른다."

늦여름부터 어쭙잖게 캠핑을 다니기 시작한 우리는 어느새 캠핑장에서 첫눈까지 맞은 어엿한 중견 캠퍼였다.

캠핑, 내 아버지의 선물

"그래? 모닥불 피울까? 아까 사놓은 장작 조금 남았는데."

"고기 구워야지. 모닥불 피우면 고기 못 굽잖아."

"그럼, 어차피 숯불 온기가 있으니까 텐트 안에 들어가서 먹지 뭐."

"그래, 그럼 나 코 풀고 올게."

캠핑을 좋아하는 아내지만, 갑작스레 추워진 날씨에는 잘 적응하지 못했다. 집에서도 감기 기운이 약간 엿보였는데 캠핑장에 와서는 연신 콧물을 풀어댔다. 벌건 숯이 그득한 화로대를 조심스레 받쳐 들고 텐트 안으로 들어갔다. 텐트의 넉넉한 전실은 둘만의 아늑한 거실로 손색이 없었다. 이내 아내의 얼굴이 홍조를 띠었다. 술기운이 돌아서 그렇기도 하겠지만, 화로대 덕분에 훈훈해진 텐트 안의 온기가 몸을 녹여주는 모양이었다.

"여보 나 술 많이 마셨나봐."

"그러게, 벌써 소주 두 병은 드신 얼굴인데? 하하하."

"나 원래 이렇지 않은데 오늘은 좀 오르네. 우리 천천히 먹자. 좀 어지럽고 그래."

"그래. 새털같이 많은 시간, 첫눈까지 왔는데 밤새지 뭐. 하하하."

"어이쿠! 나 또 콧물 나온다. 코 풀고 올게."

"몇 번째야? 자꾸 들락날락하지 말고 추운데 여기서 처리하지?"

"싫어! 음식 앞에서 무슨."

아내도 첫눈까지 소복이 내린 겨울 캠핑의 분위기에 취한 모양이었다. 회식 자리에서도 끝까지 말짱한 이가 오늘은 술기운과 분위기에 일찌감치 취해버린 것 같았다. 아내만 취한 것은 아니었다. 티 내지 않았지만, 사실 내

눈도 초점이 풀렸는지 마주 앉은 아내가 어른거렸다.

"여보, 캠핑 다니니까 좋지? 이렇게 나와서 고기도 구워 먹고 좋잖아."

"그럼, 자기가 설거지도 다 해주고 얼마나 좋은데?"

"이런, 설거지해줘서 좋은 거야?"

"아냐, 농담이지. 남자가 소심해가지고 발끈하기는…"

"하하하, 소심이라니. 아무튼 주중에는 숨 돌릴 틈 없이 일하느라 고생하는데, 주말에라도 이렇게 나와서 다 잊고 재미있게 보내다 가자고."

"알겠습니다!"

"그래, 그럼 나 좀 비우고 올게."

"뭘 비워?"

"어… 좀 마렵네. 헤헤."

"여하튼 분위기 깨는 데는 재주가 있으시다니까. 얼른 다녀오셔요."

텐트 지퍼를 열고 밖으로 나갔다. 알싸한 공기가 코끝을 스쳤다. 제법 추웠다. 유난히 밝은 달빛이 눈밭 위에서 반짝거리기까지 했다. 멀리서 북풍이

불어왔다. 소리마저 차갑게 느껴졌다. 이윽고 내 뺨에 닿은 바람에 살이 찢어지는 듯 아팠다.

"일어나요! 여보세요! 정신차려요!"

"선생님, 너무 세게 때리지 마세요. 아플 것 같은데…."

실눈을 떴더니 솥뚜껑만 한 손을 치켜들고 있는 의사와 그 손을 붙잡고 말리는 간호원이 시야에 들어왔다. 꿈속에서 내 뺨을 때렸던 차가운 바람이 실은 저 시커먼 손이었던 것이다. 골이 깨질 듯한 두통과 매질당한 왼뺨의 통증으로 신음하는 나에게 의사는 핀잔부터 주었다.

"꼬박 24시간 주무셨습니다. 이제 개운하세요?"

"네? 하루 동안이요?"

"네, 하루 꽉 채우셨어요."

몸을 일으키려 하자 의사가 내 어깨를 눌러 말렸다.

"좀 더 누워 계세요. 오른쪽 무릎이 어디 부딪쳤나 봐요. 다행히 머리에 이상은 없고. 발목이 심하게 부어 있는데 삼각근 일부가 파열된 것 같습니다. 뼈는 괜찮고요."

나는 분명 텐트에서 빠져나와 화장실을 가던 길이었는데, 정신을 차려보니 병원 침대에 누워 있었다.

"저, 왜 이렇게 된 거예요? 머리가 너무 아파요."

"의식 잃고 넘어졌는데, 머리를 뭔가에 부딪혀서 그럴 수도 있고, 일산화탄소에 중독돼 그럴 수도 있고요."

"일산화탄소?"

"캠핑장에서 뭐하셨어요? 혹시 텐트 안에서 난로 피우고 주무셨어요?"
"아니요. 그게 아니라 고기 굽다가…."
"차콜 태우셨구나. 거 참… 이 아저씨 큰일날 분이구먼. 저도 캠핑하는데요, 겨울에 그렇게 하시다가 큰일 나요."

추위를 피해 텐트 안에서 숯을 태우는 동안 우리 부부는 소주와 함께 일산화탄소를 마시고 있었던 것이다. 얼굴이 얼얼했다. 손으로 만져보니 거즈가 덕지덕지 붙어 있었다.

"동상 입으셨어요. 눈밭에 한참 얼굴 묻고 있으셨나 봐요. 다행히 큰 문제는 안 될 겁니다."
"동상이요? 대체 얼마나 그렇게 있었기에…."
"글쎄요."

갑자기 머리카락이 쭈뼛 섰다. 온몸에 소름이 돋았다.
"집사람은요? 집사람 어디 있어요? 집사람도 같이 있었단 말이에요!"

몸을 일으키려는 내 어깨를 다시 누르며 의사가 말했다.
"돌아가셨습니다."

내가 눈밭에 쓰러진 채 얼굴에 동상까지 걸릴 정도의 시간 동안 아내는 무슨 일을 당했단 말인가? 아무 말도 할 수 없었다. 입은 벌리고 있었지만, 앓는 소리만 겨우 새어나올 뿐이었다.

백색 병원 천장에 그 사람과 쌓은 추억들이 순식간에 스쳐 지나갔다. 가슴이 먹먹해졌다. 소리 내어 울고 싶었지만, 목이 메어 울음조차 나오지 않았다.

내가 눈밭에 쓰러진 채 얼굴에 동상까지 걸릴 정도의 시간 동안 아내는 무슨 일을 당했단 말인가?
아무 말도 할 수 없었다.

하얀 가운 주머니에 한 손을 찔러 넣고 나머지 한 손으로 깁스를 한 내 다리를 꾹꾹 눌러보던 의사가 고개를 돌려 울먹이는 나에게 말했다.

"준비하세요."

어느 순간 캠핑에 미쳐 장비 사들이는 데만 골몰했던 나에게 감당하기 힘든 일이 벌어진 것 같아 송곳으로 찌르는 듯 가슴이 아파왔다. 머리를 쥐어뜯고 싶었다. 나를 때려주고 싶었다. 좀 더 잘 알아보고 준비했어야 하는데, 무턱대고 텐트만 쳐놓으면 캠핑 준비는 끝나는 줄로만 알았다. 침대 시트를 움켜쥔 아귀에 잔뜩 힘이 들어갔다. 평생 동안 후회를 해도 끝이 없을 것 같았다.

"곧 돌아오실 테니까 옷 갈아입고 퇴원하시면 돼요."

"퇴원이요? 누가 와요?"

"보호자께서 옷 가지러 집으로 돌아가셨어요. 눈에 젖고 피까지 묻은 옷 입고 집에 가실 수 없잖아요."

"집사람이요?"

"다음 주에 한 번 더 오세요. 다리는 한 번 더 봐야 합니다."

"진짜요? 괜찮나요? 집사람 괜찮아요?"

"그분이 119에 신고하셨답니다. 그분도 상태가 안 좋아 환자분 고압산소 치료할 때 같이 하셨어요."

감기에 걸려 코 푼다고 텐트를 들락거렸던 아내는 그래도 상태가 괜찮았던 모양이다. 주야장천 고기 굽는다고 텐트 안에서 가스를 들이마신 나는 결국 이틀 동안 잠든 채 병원 신세를 진 것이고. 갑자기 한숨이 나왔다. 얼

잠시 후 돌아올 아내를 기다리려니 괜스레 웃음이 나왔다. 아내를 정말 사랑하기는 하나 보다. 아내를 생각하며 이렇게 울어보기는 처음이었으니까.

마나 다행인지, 사람이 죽다 살아났으니, 이 얼마나 기쁘고 다행스러운 일인가! 벌떡 일어나 앉은 채로 침대 옆에 멀뚱히 서 있던 의사의 허리를 감싸 안았다.

"감사합니다. 선생님, 정말 감사합니다."

"아, 알겠습니다. 진정하세요. 처방전 드릴 테니까 약 꼬박꼬박 드시고요."

"네, 알겠습니다."

"큰일 날 뻔했어요, 정말. 겨울 캠핑은 조심하셔야 합니다. 텐트 안에서 숯 태우는 건 자살 행위나 다름없어요. 절대 그러시면 안 돼요. 아시겠어요?"

잠시 후 돌아올 아내를 기다리려니 괜스레 웃음이 나왔다. 얼굴에 거즈를 붙여놓아 웃을 때마다 얼굴이 땅겼다. 아내를 정말 사랑하기는 하나 보다. 아내를 생각하며 이렇게 울어보기는 처음이었으니까. 그러나 슬며시 걱정되기도 했다. 불행 중 다행이긴 해도 이렇게 큰일을 겪었으니, 아내가 다시는 캠핑 안 간다고 할 것 같아 불안했다. 아내가 오면 우선 꼭 안아줄 생각이다. 내 사람, 단 하나뿐인 사랑 꼭 안아줄 것이다. 서로의 체온이 얼마나 소중한 것이며, 감사한 것인지 알게 되었으니까. 그리고 아내에게 속삭이며 말할 것이다.

여보, 우리 빨리 난로 사야겠어!

아내가 오면 우선 꼭 안아줄 생각이다. 그리고 아내에게 속삭이며 말할 것이다. 여보, 우리 빨리 난로 사야겠어!

캠핑 좋아하는 남편

불장난하려고 장작까지 구입하고, 모닥불 감상하는 의자와 고기 굽는 의자를 별도로 마련하고, 무거운 화로대를 좋다고 이고지고 다니는 당신. 놀러 가면 어떤 식으로든 돈이 들지만, 땀을 비 오듯 흘려가며 큰아이, 작은아이 1년 치 학원비를 들여 장만한 캠핑 장비들을 펼쳐내는 당신을 볼 때마다 속으로 가슴을 쳤습니다. 내가 왜 말리지 않았을까. 왜 애초에 막아서지 못했을까. 아무리 보아도 천 쪼가리에 지나지 않는 텐트에 스테인리스 소재의 싸구려 그릇이건만, 금이야 옥이야 흙을 털어내고, 광을 내는 당신을 볼라치면 마음 한쪽이 답답해졌습니다.

집 나서면 불편한 것이 한두 가지가 아닙니다. 집보다 깨끗하고 편할 리 없을 텐데, 굳이 돈 들여가며 이런 불편을 감수해야 하는 건지 알 수 없었습니다. 곧 시들해지겠지 했는데, 멋진 추억을 남기려면 좋은 카메라가 필요하다며 지금까지 장비 구입에 쓴 돈만큼 더 필요하다는 말에 난 울먹이며 당신을 말렸지요. 그러지 않으면 당신의 '질주'는 멈추지 않을 것 같았으니까요. 그때 당신은 무언가에 홀린 듯한 눈빛이었거든요.

나의 갑작스러운 모습에 당황한 당신을 위해 카메라 대신, 그토록 당신이 원했던 쇳덩어리 솥단지를 주문했습니다. 더치 오븐(Dutch Oven : 주철 솥)이 택배로 온 날, 그 시커먼 놈을 손으로 쓰다듬으며 화색이 가득했던 당신의 얼굴에서 신혼 때 새 전기밥솥을 사고 너무 좋아 연신 닦아대던 내 모습을 보았습니다.

나도 어릴 적에 지금의 당신처럼 아빠를 따라 캠핑을 갔었습니다. 조그마한 텐트 안에 네 가족이 살 비비며 2박 3일의 짧은 휴가를 보냈지요. 지금 당신과 그 당시 우리 아빠는 너무도 닮았습니다. 차이가 있다면, 아빠는 1년에 한 번이고, 당신은 한 달에 두세 번 캠핑을 간다는 겁니다. 마뜩잖지만 내가 당신과 캠핑하러 다니는 이유는 단 하나입니다. 남편을 믿고 따르는 게 당연하니까요. 당신은 텐트 치고, 모닥불 피워놓고 망중한을 즐기고 있을 때, 나는 저 너머 아파트 불빛을 보며, 당신이 그렇게 죽고 못 사는 캠핑에 대해 곱씹어봅니다.

주말에는 우리 세 식구가 당신에게 모든 것을 맡길 수밖에 없습니다. 어느 것 하나 손쉬워 보이는 물건이 없습니다. 텐트 치는 것은 말할 것도 없거니와, 커피 한 잔 먹으려 해도 당신이 버너 불을 켜줄 때까지 맥없이 기다려야 하는 상황이 벌어지기도 합니다.

당신의 소중함? 미안한 말이지만, 우리 집 두 아이에게 아빠란 '필요할 때 찾는 사람'이었습니다. 기억나나요? 작은딸이 콘서트 보러 가야 한다며 돈 달라고 며칠 전부터 졸라댔죠? 결국은 그 돈 내가 주고 말았는데, 작은딸이 당신 잘 때 베개 옆에 써놓은 쪽지 못 보셨을 거예요.

'아빠~! 새벽에 출근하시느라 저 못 보고 그냥 나가실 테니, 이 쪽지 위에 티켓 살 돈 놓고 가세요~.^^ 사랑해요, 아빠!'

친근하고 살가운 태도는 티켓 값을 얻어내기 위한 단발성 애교였지요.

캠핑, 내 아버지의 선물

언젠가부터 와인 잔을 정성스레 싸 들고 다니는 당신이 멋있어 보입니다. 요리책을 보고 공부했다며 지지고 볶아대는 당신의 거친 요리는 비록 괴상한 모양이지만 대견해 보입니다.

하지만 지금 애들에게 아빠는 뚝딱뚝딱 뭐든 만들어내는 알라딘 램프의 우람한 요정과 같은 존재가 됐습니다. 예전에는 그렇지 않았죠. 주중에는 일에 지쳐 하숙집 드나들듯 집에 오면 잠만 자더니, 주말에는 거실 소파에 온종일 붙어 있던 모습만 기억납니다.

그런데 캠핑을 하는 당신은 그전과는 전혀 다른 사람이 됐습니다. 모닥불을 사이에 두고 아이들과 다정하게 이야기하는 모습, 밖에 나오면 원래 남자가 다 하는 거라며 고무장갑을 끼고 수돗가로 향하는 모습. 당신이 고집해서 시작한 취미였지만 가족 모두 즐거워하고, 나름대로 남편과 아버지의 역할을 제대로 하려는 당신의 노력이 눈에 보입니다. 캠핑장에서 밤을 보낼 때마다 술을 마시는 통에 항상 걱정스러웠는데, 언젠가부터 와인 잔을 정성스레 싸 들고 다니는 당신이 멋있어 보입니다. 요리책을 보고 공부했다며 지지고 볶아대는 당신의 거친 요리는 비록 괴상한 모양이지만 대견해 보입니다. 요리하면서 흥얼대는 당신을 보면 나도 흥겨워요. 당신의 요리가 항상 맛있는 건 아니지만 식사 시간은 언제나 즐겁기만 합니다. 간혹 실수는 있지만 대수롭지 않습니다. 투박한 상차림도 괜찮습니다. 나와 두 아이는 당신이 열과 성을 듬뿍 담아 만든 음식들을 맛있게 즐길 마음의 준비가 되어 있으니까요.

서투른 칼질을 볼 때마다 당장 내가 나서고 싶지만, 꾹 참습니다. 남편으로서, 아빠로서 무엇인가 하고 있다는 뿌듯함이 어린 당신의 얼굴을 보면 절대 그럴 수 없으니까요. 내 역할은 칼에 베인 당신의 상처가 덧나지 않도록 반창고를 붙여주는 일 정도입니다.

혼자만의 시간을 보내는 당신을 방해하지 않는 것이 사랑하는 또 다른 방법이라 생각했으니까요.
난 캠핑을 하면서 당신의 뒷모습에서 많은 것을 보았습니다.

가족을 위한 봉사를 마치고 오도카니 앉아 있는 당신의 뒷모습에선 한가로움보다는 쓸쓸함이 느껴집니다. 난 버너 불을 켜달라고 말하고 싶었지만, 차마 그럴 수 없었습니다. 그렇게 혼자만의 시간을 보내는 당신을 방해하지 않는 것이 사랑하는 또 다른 방법이라 생각했으니까요. 난 캠핑을 하면서 당신의 뒷모습에서 많은 것을 보았습니다.

이젠 좀 더 당당히, 어깨와 가슴을 활짝 펴고 걸었으면 좋겠습니다. 당신은 우리 가족에게 최고의 남편이며, 아빠이니까요. 우리 집 위층에 사는 의사나 앞집의 세무사는 당신처럼 텐트를 팽팽하게 잘 치거나, 모닥불을 3분 안에 활활 피우지 못할 겁니다. 도끼질은 당신이 최고입니다.

당신에게 바라는 것이 있습니다. 무엇을 하든 당신의 말처럼, 가족을 위한 것이라면 저는 당신을 응원하겠습니다. 지금처럼 당당한 가장의 몸짓을 계속 보여주세요.

사랑합니다.

무엇을 하든 당신의 말처럼, 가족을 위한 것이라면 저는 당신을 응원하겠습니다.

캠핑 싫어하는 아내

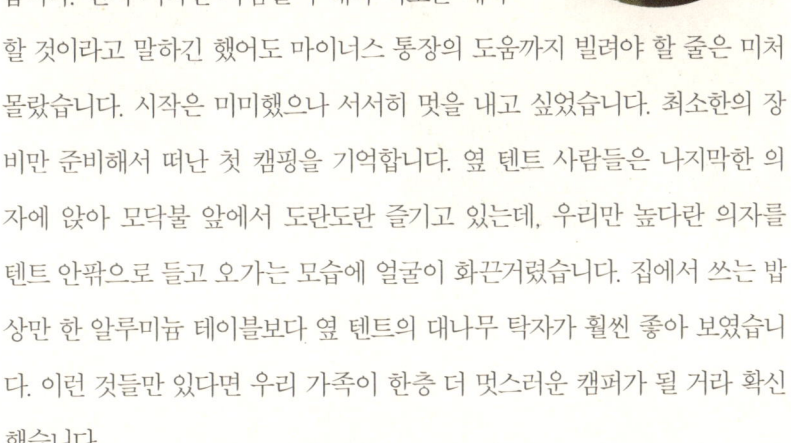

이렇게까지 돈이 많이 들어갈 줄은 나도 몰랐습니다. 먼저 시작한 사람들이 대략 각오는 해야 할 것이라고 말하긴 했어도 마이너스 통장의 도움까지 빌려야 할 줄은 미처 몰랐습니다. 시작은 미미했으나 서서히 멋을 내고 싶었습니다. 최소한의 장비만 준비해서 떠난 첫 캠핑을 기억합니다. 옆 텐트 사람들은 나지막한 의자에 앉아 모닥불 앞에서 도란도란 즐기고 있는데, 우리만 높다란 의자를 텐트 안팎으로 들고 오가는 모습에 얼굴이 화끈거렸습니다. 집에서 쓰는 밥상만 한 알루미늄 테이블보다 옆 텐트의 대나무 탁자가 훨씬 좋아 보였습니다. 이런 것들만 있다면 우리 가족이 한층 더 멋스러운 캠퍼가 될 거라 확신했습니다.

대형 마트에서 당신이 예쁜 그릇이나 찻잔에 관심을 보일 때, 난 그저 쇼핑 카트 붙박이 신세거나 주류 코너만 바라보았지요. 하지만 캠핑을 시작한 이후로 주방 기구 코너를 그냥 지나칠 수 없게 되었습니다. 맥주잔에 소주를 따라 마시던 내가 와인 잔을 산 것은 엄청난 변화였습니다. 난 우리 가족이 불편을 감수하면서까지 캠핑 다니는 것은 싫었습니다. 덧붙여, 캠핑장에서 남들보다 없어 보이는 것도 싫었습니다.

기왕 시작한 것 제대로 하고 싶었을 뿐입니다. 어떤 취미든 마찬가지겠지만, 캠핑 역시 돈이 들기 마련이지요. 하지만 지금 우리 살림살이가 넉넉하

지 않다는 것은 잘 알고 있었습니다. 결혼 이후 어렵사리 마련한 돈으로 겨우 거실에 손님 한둘 맞이할 수 있는 전셋집을 마련했을 뿐입니다. 나 혼자만의 취미였다면, '이 없으면 잇몸으로'를 모토로 없으면 없는 대로 꾸려갔을 겁니다. 내 가족의 취미라는 생각에 무리해서라도 편하게 캠핑할 수 있게 해주고 싶었습니다. 일상을 보내는 집 안에는 이렇다 할 게 없어도, 야외 보금자리만큼은 최고로 꾸리고 싶었습니다.

처음 캠핑 간 날, 당장 그만둘까도 생각했습니다. 난 또렷이 기억하고 있습니다. 그리고 아직도 마음 한구석이 쓰라립니다. 우리 텐트와는 비교할 수 없을 만큼 큼지막한 다른 사람들의 텐트. 서부 영화에서나 봄직한 화로대와 카탈로그에서 봤던, 언젠가 사리라 마음먹었던 값비싼 캠핑 도구. 설거지하러 오가며 다른 캠퍼의 탐나는 장비를 곁눈질하던 당신의 모습. 괜한

더치 오븐은 어떻게 알고서 샀는지 모르겠지만, 그 선물을 받고서 난 더욱 가슴이 아팠습니다. 무척이나 사고 싶은 물건이기는 했습니다만, 그 솥의 무게만큼 무거운 당신의 마음을 느꼈기 때문입니다.

짓 해서 당신 마음만 허하게 만든 것 같아 괴로웠습니다.

웬만해서는 당신이 나에게 싫은 소리 안 한다는 걸 잘 알기에, 또 내가 장비 타령 할까봐 마음속으로 꾹꾹 담아놓을 걸 잘 알기에 애꿎은 담배만 연신 물었지요. 차라리 불편하고 힘드니 우리 형편에 맞게 캠핑은 가끔 다니자고 나에게 말하면 될 것을. 몇 개월간 홀린 듯 땀 흘려 꾸며놓은 내 정성이 무색하지 않도록 다음에 또 오자며 웃던 당신의 얼굴은 씁쓸해 보였습니다. 자격지심에 그리 보였을지 모르지만 말입니다.

그러나 난 당신이 사준 더치 오븐을 마지막으로, 더 이상 장비는 사지 않기로 했습니다. 일전에 카메라를 사려 했던 것은, 돌이켜보면 내 욕심이었

지요. 당신과 우리 아이들이 행복해하는 모습을 멋진 사진으로 남기고 싶었습니다. 그것으로 우리 캠핑은 완성될 것이라 생각했습니다. 하지만 생전처음으로 당신이 화내는 모습을 보고 덜컥 겁이 났습니다. 당신이 무서워서가 아니라, 내가 지금까지 얼마나 앞뒤 안 가리고 캠핑에 매달렸는지 그제야 알았기 때문입니다. 더치 오븐은 어떻게 알고서 샀는지 모르겠지만, 그 선물을 받고서 난 더욱 가슴이 아팠습니다. 무척이나 사고 싶은 물건이기는 했습니다만, 그 솥의 무게만큼 무거운 당신의 마음을 느꼈기 때문입니다.

캠핑을 해야겠다 마음먹었던 때가 생각납니다. 잠자고 밥 얻어먹는, 존재감 없는 하숙생 역할에서 벗어나고 싶었습니다. 주말에 소파에서 낮잠만 늘어지게 자는 강건하지 못한 남편, 항상 피곤한 아빠라는 모습을 떨쳐버리고 싶었습니다. 더군다나 일전에 작은아이가 남겨놓은 '돈 달라는 쪽지'를 보고 더욱 마음을 굳히게 되었습니다. 학원비도 빠듯한데, 콘서트가 웬 말이냐며 꾸짖으려 했지만, 그럴 수 없었습니다. 어릴 적부터 잘 놀아주지도 않고 아이 돌보는 건 당신에게 일임했던 내가 무슨 권리로 아이들을 꾸짖을 수 있을까 하는 생각이 들었기 때문입니다.

이런 내 모습이 싫었습니다. 그 돌파구로 캠핑을 시작한 겁니다. 텐트 친다고 망치질하다가 손을 찧은 적도 있었습니다. 하지만 아픈 기색 안 했습니다. 음식 한다고 서투르게 칼질하다가 손을 베인 적도 있었지만, 유난 떨기는 싫었습니다. 캠핑장에서만큼은 당신에게 휴식을 주고 싶어서 설거지는 반드시 내가 했습니다.

아직 아이들과 이야기하는 것이 어색합니다. 애들이 물어보는 것에도 단답형으로 답하고 맙니다. 살가운 대화는 못 나누지만 앞으로 나아질 것입니다. 큰 녀석은 야구를 곧잘 하는 것 같습니다. 게다가 야구 할 때만큼은 참 밝아 보입니다. 이참에 야구장에도 데려가 보려고요. 아버지와 아들이 같은 취미를 갖는다는 것. 큰아이가 아들이라는 말을 듣자마자 결심했던 것인데 이제야 실천하게 됐습니다. 작은아이는 꽃을 좋아하니, 캠핑장 주변에 널려 있는 꽃에 대해 가르쳐줄까 합니다. 그래서 어제 식물도감을 한 권 샀습니다. 공부는 잠시 미루어두더라도, 애들과 눈을 마주치는 시간을 늘려가도록 합시다. 그 시발점으로 캠핑이 좋을 것 같습니다.

난 아버지와 별반 대화 없는 아들이었습니다. 그것을 당연한 것으로 알았습니다. 위엄 있는 아버지의 모습에 눌려 감히 아버지와 친구가 될 생각은 못했습니다. 나 역시 아이들에게 위엄 있는 아버지가 되고 싶습니다. 하지만 내 아버지와는 다르게, 애틋한 사랑을 표현하는 아버지가 되고 싶습니다.

 처음에는 나 자신을 위한 술을 준비했습니다. 하지만 이젠 당신과 함께 술자리를 가지려고 와인을 알아보기 시작했습니다. 와인에 대해 잘 알지는 못하지만, 나한테 시집와서 멋을 사치로 알고 살았던 당신에게 한껏 멋 부릴 기회를 주고 싶었습니다. 와인만 달랑 준비하고 치즈까지 생각을 못해 파전을 안주 삼아야 했던 그날 저녁 일은 반성하고 있습니다. 요리책을 사서 공부하고는 있지만, 막상 캠핑장에서 실습을 해보니 내가 먹어봐도 맛이 훌륭하지는 않습니다. 자꾸만 조미료에 의지하게 되는데, 그때마다 떠오르는 당신의 맛깔스러운 밥상에 박수를 보내게 됩니다. 앞으로 당신에게 반찬 투정은 하지 않으렵니다. 서툴더라도 이해하세요. 마늘 찧기 귀찮아서 통째로 넣고, 끓기도 전에 파부터 집어넣고. 모든 것이 생소해서 그렇습니다. 하지만

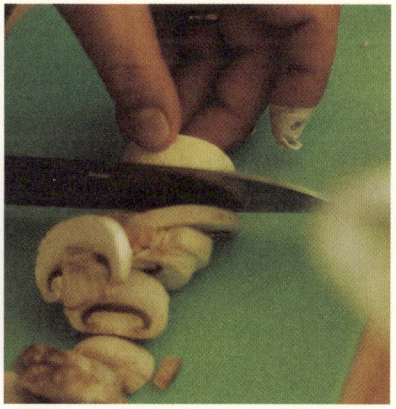

뭐든 내가 해보겠습니다.

  가끔 혼자 있을 때, 그냥 그런가 보다라고 생각해주세요. 가끔 혼자 캠핑 다녀오고 싶다 할 때, 그냥 그렇게 하라고 해주세요. 별문제는 없습니다. 간혹 그러고 싶을 때가 있을 뿐입니다. 바깥 생활에 너무 지치다 보면, 생각을 정리할 사치스러운 시간이 필요하더군요. 당신과 아이들을 외면하는 것이 아닙니다. 여자들이 수다 떨며 스트레스를 풀듯, 남자도 자기만의 동굴에서 쌓인 피로를 풀고 싶은 것입니다. 청승맞게 보이겠지만, 아주 가끔 그럴 겁니다.

  그동안 월급이나 꼬박꼬박 갖다 주면 내 역할은 다 한 것으로 생각했습니다. 회사에서 시달리다가 집에 돌아가면 내 마음고생 보상한답시고 편한 대로만 행동했습니다. 캠핑을 시작하고, 나 스스로 변한 걸 느낍니다. 이제는 나에게 기대어 살아주길 바랍니다. 당신이 쉴 수 있는 넉넉한 아름드리나무가 되겠습니다. 현실에선 녹록하지 않지만, 캠핑장에서만큼은 자신 있습니다.

  처음 캠핑할 때 가졌던 마음을 잃지 않으려 노력합니다. 장비 욕심은 버린 지 오래지만, 내 가족을 위해 캠핑하겠다는 마음만은 여전합니다. 그러나 당신은 항상 바깥 생활에 익숙하지 않아 보였습니다. 내가 미숙한 탓에 먹는 것, 자는 것, 모든 것이 불편했을 겁니다. 몸에 맞지 않는 옷을 입은 느낌이겠지요. 하지만 참기 힘들 정도는 아닐 겁니다. 덥거나 춥거나, 어느 때든 내 가족, 우리 보금자리 멋지고 편하게 만들기 위해 최선을 다할 겁니다. 모자란 것은 내 정성으로 채우겠습니다.

덥거나 춥거나, 어느 때든 내 가족, 우리 보금자리 멋지고 편하게 만들기 위해 최선을 다할 겁니다.
모자란 것은 내 정성으로 채우겠습니다.

캠핑은 내가 생각한 것 이상을 우리 가족에게 선물할 것입니다. 우리 가족이 함께 만들어낸 선물이라 더욱 값지겠지요. 겨울에 태어난 당신을 겨울에 만났고, 겨울에 결혼했지요.
올겨울, 첫눈 오는 날 캠핑장에서 우리 데이트합시다.

겨울에 태어난 당신을 겨울에 만났고, 겨울에 결혼했지요. 올겨울, 첫눈 오는 날 캠핑장에서 우리 데이트합시다.

어느 노인의
캠핑 이야기

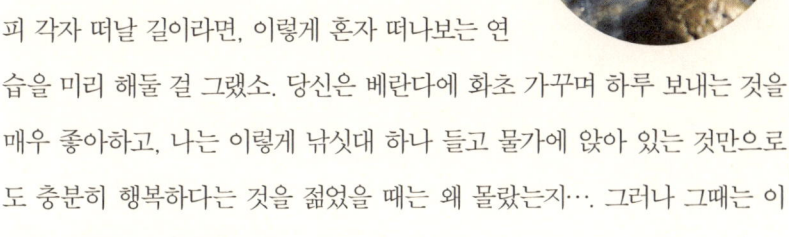

결혼기념일, 오늘도 혼자 길을 떠나왔소. 어차피 각자 떠날 길이라면, 이렇게 혼자 떠나보는 연습을 미리 해둘 걸 그랬소. 당신은 베란다에 화초 가꾸며 하루 보내는 것을 매우 좋아하고, 나는 이렇게 낚싯대 하나 들고 물가에 앉아 있는 것만으로도 충분히 행복하다는 것을 젊었을 때는 왜 몰랐는지…. 그러나 그때는 이것도 사치라고 생각했었지.

결혼 전 총각 때에는 월급으로 전달 술값 외상 치렀지만, 결혼해서는 집 살 돈 마련한답시고 당신은 신발공장에, 나는 아파트 지하 보일러실에서 하루를 보냈지. 일 끝나고 집에 돌아오면 당신에게서는 찌들 대로 찌든 본드 냄새가, 나에게서는 기름 냄새가 났지. 그렇게 해가 지고 나서야 겨우 얼굴을 마주할 수 있었지. 아이가 생긴 후에는 애 키우는 데 모든 시간과 돈을 쏟아 부었잖소. 우리가 늙는 동안 불쑥 커버린 아이들 결혼시킨다고 그간 조금씩 모아두었던 장롱 밑 목돈을 몽땅 써버린 뒤에는 또 얼마나 공허했던지.

지금 와서 찬찬히 생각해보면, 당신과 나… 과연 우리 자신을 위해 산 시간은 얼마나 될까. 그것이 삶이라 말들 하지만, 그렇게 사는 것이 정답이며 누구나 그렇게 살아야 한다면 정말 슬픈 일이 아니겠소? 내 생각에는 이제 우리를 위해 마음껏 시간을 써도 될 때인 것 같소. 애들이 들으면 서운하겠지만 이제 저희도 부모가 되었으니, 우리 마음을 이해해주겠지. 어릴 때는

주말이면 교외로 데리고 다니며 좋은 것 맛난 것 보여주고 먹이고 했는데, 어느 순간부터 자기만의 시간을 가지려고 안간힘을 쓰는 아이들을 보자니 키우는 재미는 이제 다 봤구나 하고 생각했었소. 그래서 당신 몰래 점을 보았지. 애들이 어떻게 자랄지, 커서 무엇이 될지 궁금했었소. 점쟁이 말이 가관이었는데, 애들은 결혼 전까지는 부모 운을 따라간다 하더이다. 저희가 아무리 부모 그늘 벗어나려 발버둥을 해도 부모 손을 떠날 수 없다는 말이겠지. 그래서 열심히 길을 내줘야 한다 했거든. 부모 허리가 휘든 말든 자식은 부모 하기 나름이니 결국, 자식 점을 보는 건 아무 의미가 없다는 결론을 내더이다.

캠핑, 내 아버지의 선물

 어릴 때 텐트 들고 캠핑이라도 갈라치면, 큰놈은 자기 키만 한 텐트 가방을 메고, 작은놈은 손바닥만 한 과자 보따리 둘러메던 모습이 참으로 기특하고 귀여웠는데 그 모습, 아마도 초등학교를 졸업한 후에는 보지 못했지? 그 후로는 우리 둘이 함께하는 캠핑만이 유일한 낙이 되었잖소. 아마도 그때부터 우리 부부는 대화가 참 많았던 것 같구려. 억울하기도 했지만, 결혼한 뒤 십수 년이 지난 후일지라도 당신과 마음을 나눌 수 있어 참 다행이라는 생각이 들더이다. 주중에 애들 뒷바라지, 바깥일로 지치고 힘들어도 주말에는 부부가 함께 그 고단함을 서로 쓰다듬고 위로해주었던 것이 나는 참으로 좋았소.

그러던 내가 60을 바라보면서 관절병을 얻고, 당신도 몹쓸 병을 연달아 달고 다녔지. 그런 뒤로 우리의 캠핑은 뜸해지기 시작하더니, 어느새 손주들 오면 놀아주는 것이 주말 일과가 되어버렸소. 내 평생 꿈이 물 좋고 산 좋은 곳에 작지만 멋들어진 집 한 채 지어놓고, 당신과 먹을거리나 키우며 보내는 것이었는데, 스무 번이나 전세에 전세를 옮겨가고, 애들 대학 공부에 가진 것 모두 털어 넣으니 땅 사고 집 올릴 형편이 안 되었지. 그나마 남의 땅에 텐트라도 짓고 그 기분 잠시라도 내보는 것이 즐거움이었건만, 이마저 몸 상해서 못하게 되니, 마음마저 상하더이다.

가진 것이라고는 자그마한 아파트 한 채에 구닥다리 자동차뿐이지만, 그래도 손주 새끼들이 할애비 집이라고 찾아와서 짹짹거리고 노는 모습에 내가 남들만큼은 살았구나 하고 위안 삼기도 했다오. 하지만 그렇게 저물어가는 우리 부부 인생이 너무나 안타깝고 서럽더이다.

당신은 참 여린 사람이었소. 첫 만남에서 낯선 나에게 말도 제대로 못 붙이고, 시선도 못 맞추는 숫기 없는 순수한 당신의 모습에 반했다오. 그러던 당신이 낚시 가방을 챙기는 내 앞에서 낚싯대를 두 동강 내더니, 독기 서린 눈으로 나를 노려봤을 때는 순간 섬뜩하면서도 너무나 슬펐다오. 나와 살면서 흘린 눈물이 너무 많아서 이젠 울고 싶어도 울지 못하고 눈물 마른 그 자리에 독기만이 남았다는 것을 깨달았기 때문이라오.

얼마나 울고 싶었겠소. 애들이 떠나버려 휑한 집구석에 혼자 있을 생각하니, 낚싯대 둘러메고 나가려는 내가 얼마나 야속했겠소. 그나마 함께했던 캠핑도 못 가는 마당에 남편이라는 작자는 마누라 홀로 두고 세월을 낚으

러 간다 하니 낚싯대를 부러뜨릴 만도 하지…. 그 후로 낚시하러 다녀본 적이 없지만, 오늘은 후배 녀석이 한 자루 보내준 낚싯대를 써보려 나온 것이니 오해하지 말아주었으면 좋겠소. 낚시를 할 때마다 그때의 슬픈 독기 서린 당신의 눈이 떠올라 더는 못할 것이니 걱정일랑 접어두어도 될 것이오.

　이젠 중풍을 두 번 겪은 손이라 너무나 떨려서 미끼조차 끼우지 못하는 판국이라오. 나는 낚시를 하기 위해 계곡을 찾은 것이 아니오. 위로부터 흘러와 나를 지나 다시 아래로 흘러가는 저 강물이 흡사 우리네 인생과도 같은 듯하여 이렇게 강물 위에 서 있는 것만으로도 마음이 편해지고 당신 생각이 아련히 떠올라 가끔 찾아오는 것이라오. 당신은 보이지 않는 저 위에서 흘러와 잠깐 나를 스쳐 다시 아래 강으로 흘러내려 갔으니. 당신 또한 흐르는 강물과도 같은 인생이거늘. 상처와 슬픔만 안고 나를 스쳐 간 당신이 안타깝기만 하더이다.

그나마 내가 잘한 것은, 당신과 나 두 사람만을 위해 몇 해 동안 캠핑을 다닌 것과 당신 누운 옆자리에 한 평 반 남짓 내 자리를 미리 마련한 것….

지금 진달래와 산수유가 지천이라오. 내 아까 진달래를 한 가지 꺾어두었소. 유난히 꽃을 좋아했던 당신에게 가져다주려고 꽃떨기 한 움큼 달린 가지를 골라두었다오. 낚시는 애초부터 글렀으니 결혼기념일인 오늘 당신에게 점수나 따놓아야지….

서산으로 지는 해를 바라보았더니, 왼뺨으로 따뜻한 남풍이 불어오는구려. 저기 먼 바다로 흘러간 당신의 비석 앞에 진달래와 이 편지를 놓고 갈 터이다.

미안하외다.

그리고

사랑하오.

그나마 내가 잘한 것은, 당신과 나 두 사람만을 위해 몇 해 동안 캠핑을 다닌 것과 당신 누운 옆자리에 한 평 반 남짓 내 자리를 미리 마련한 것….

내일은 맑음

아무도 없는 곳에서 캠핑하고 싶었다. 하지만 둘만의 첫 캠핑인데 불편함을 무조건 감내해야 하는 오지를 선택할 수 없었다. 게다가 만난 지 한 달 남짓, 손 잡는 데 성공한 것이 불과 일주일 전인지라 혹여 납치의 느낌을 주기에 충분한 오지 캠핑을 한다면 나는 '음흉한 자'로 낙인 찍힐 것이 분명했기에 사람 많고 복잡한 것은 싫지만 깔끔한 화장실과 샤워실을 갖춘 무난한 캠핑장이 좋을 것 같았다.

토요일 새벽. 서울 춘천 간 고속도로는 차 대신 안개로 가득했다. 차량 정체 때문에 시작부터 진이 빠질까봐 밤잠 설치고 나섰더니 고생한 보람은 있었다. 가까운 경기권 캠핑장을 선택한 덕분에 가는 도중 휴게소에서 그녀와 함께 아메리카노를 즐기는 여유도 부릴 수 있었다. 아침 햇살이 안개를 걷어내기도 전에 우리는 캠핑장에 도착했다. 어제 입장한 캠핑족들이 있기는 했지만 절반도 안 되었고 이른 아침이라 그런지 다들 주말 늦잠에 취해 있어 캠핑장은 조용한 아침을 열고 있었다.

"차에 잠시만 있어요. 제가 금방 텐트 칠게요."

작은 개울가 옆 소나무 아래에 아담한 자리를 예약해놓았다. 동남향에 소나무를 등지고 있는 배산임수의 명당 중 명당이었다. 사실 내가 예약한 자리는 그곳이 아니었다. 넓기는 하지만 개울과는 멀었고, 서쪽을 향한 곳이라 늦은 오후의 햇살이 자칫 짜증스러울 수도 있는 자리였다. 아무래도 안 되겠다 싶어 출발 하루 전 캠핑장 주인에게 전화를 걸어 넓은 자리를 원했지만 어쩔 수 없이 작은 구역을 예약한 사람이 있느냐고 물었다. 때마침 초대형 텐트를 소유한 4인 가족이 뒤늦게 작은 자리를 예약할 수밖에 없었는데, 연락처를 알려줄 테니 직접 통화해보라고 했다. 단둘이 자그마한 텐트에 소형 타프(Tarp : 그늘막)를 설치할 예정이었던 나에게는 희소식이었고, 큰 장비를 들고 와야 했던 그 가족에게는 아닌 밤중에 횡재였다. 장마 시작 전, 초여름 캠핑 시즌의 예약 전쟁통에 안성맞춤의 자리를 차지한다는 것은 참으로 어려운 일이건만, 시작부터 느낌이 좋았다.

"제가 도와드릴까요?"

차창을 내려 빼꼼히 내다보던 그녀가 예의상인지 진심인지 모를 표정으로 나를 돕겠다고 했다.

"아닙니다. 저 혼자 금방 할 수 있어요. 하하하."

물론 함께하는 즐거움도 있을 테고, 맞잡은 장비를 사이에 두고 알 듯 모를 듯 정도 오가겠지만, 혼자서 일사천리로 보금자리를 지어내는 내 모습을 보여주고 싶었다. 굳건하고 믿음직스러운 남자, 그리고 애인보다는 남편감으로 최고임을 부각시키고 싶었다. 애인 아닌 남편… 어차피 여자 입장에서 당일치기 여행이 아닌 이상 여느 때와 다른 마음가짐으로 나와 동행했을 것이다. 하지만 동숙은 아니다. 그녀는 텐트에서, 난 타프 밑에 야전침대를 깔고 밤을 보낼 것이다.

텐트, 키친 테이블, 식탁과 의자, 랜턴, 화로대… 웬만큼 장비를 설치하고

고 그녀를 안식처로 모시기 위해 차를 바라보았다. 차창은 다시 올라가 있고 그녀는 없었다. 그녀를 위해, 그녀가 감탄해 주었으면 하는 간절함으로 이등병이 보급품함을 정리하듯 장비를 설치하는 동안 그녀는 홀로 사라져 버린 것이다. 주변을 돌아보았다. 장갑 낀 손으로 이마의 땀을 훔쳐내며 화장실 쪽을 돌아보는 순간 아침 햇살을 후광 삼아 나에게로 걸어오는 여신을 발견했다. 나의 그녀였다.

'역시…'

짧은 반바지에 웨지힐 슬리퍼를 신은 그녀의 긴 다리는 광채로 빛났고, 그녀 뒤에서 빛을 발하는 이른 아침 햇살은 여자라면 반드시 오목해야 할

목선과 허리선을 부드럽게 감싸며 긴장감을 더했다. 올린 머리는 캠핑장에 정말 잘 어울리는 경쾌한 느낌이었으며, 검은 민소매 톱은 시크함 그 자체였다. 주변 텐트에서 눈을 비비고 나온 떡진 머리의 아저씨 캠퍼들은 그녀에게서 눈길을 떼지 못한 채 지나쳐 갔다.

'후후훗… 내 여자다.'

사람의 눈길을 끄는 우성인자를 갖춘 그녀가 내 여자라는 사실이 뿌듯해지는 순간이었다.

"여기 와보신 곳이세요?"

인터넷으로 검색해서 예약한 곳이지만, 당연히 잘 아는 곳이라고 대답했

주변 텐트에서 눈을 비비고 나온 떡진 머리의 아저씨 캠퍼들은 그녀에게서 눈길을 떼지 못한 채 지나쳐 갔다. '후후훗… 내 여자다.'

텐트, 키친 테이블, 식탁과 의자, 랜턴, 화로대…. 웬만큼 장비를 설치하고 그녀를 안식처로 모시기 위해 차를 바라보았다.

캠핑, 내 아버지의 선물

다. 왜냐하면 그녀가 무엇인가 탐탁하지 않은 듯 미간을 찌푸리고 있었기 때문이다. 그런 상황에 잘 모르는 곳이며, 인터넷 검색하다가 사진 몇 장 보고 예약했다고 말했다가는 미간뿐만 아니라 인중까지 찌푸릴 것 같았다.

"화장실에 벌레들 시체 천지예요. 울 뻔했단 말이에요. 그런 건 미리 말해 주시지…."

아마 어젯밤의 흔적들이겠지. 어느 캠핑장이나 겨울 아닌 이상 화장실에서 죽은 곤충을 보는 건 흔한 일이다. 캠퍼라면 그러려니 하겠지만, 그녀에게는 생소하다 못해 소름까지 돋을 일이었을 터. 머쓱한 내 표정을 감추기 위해 잽싸게 그녀를 우리의 보금자리로 안내했다.

"우와~!"

5초 전만 해도 떫은 감 씹은 사람처럼 얼굴을 일그러뜨리고 있던 그녀가 대번 눈을 휘둥그렇게 뜨며 감탄사를 연발했다. 당연한 결과였다. 캠핑을 안 해본 사람들은 멋지고 편안한 요즘 캠핑 장비가 신기해 보일 수밖에 없기 때문이다. 역시 여자였다. 반짝거리는 스테인리스 코펠부터 만지더니 가스 버너와 키친 테이블에 가장 많은 관심을 보였다. 마지막으로 손이 간 것은 테이블 위의 와인과 텐트 안 작은 협탁에 올려놓은 금잔화 꽃꽂이였다.

"어머나! 센스 있으시다. 이런 것까지 준비하시고. 호호호."

뿌듯함을 못 이겨 또다시 머쓱해진 표정을 감추기 위해 그녀를 얼른 릴랙스 체어에 앉혔다. 건방진 자세로 앉을 수밖에 없는 이 의자는 캠핑이란 이렇게 안락하고 편안한 것이다라는 느낌을 단박에 체험할 수 있는 장비다.

"불편해요…."

그녀는 올린 머리 때문에 머리를 제대로 가누지 못한 채 어정쩡한 자세로 정말 불편하게 앉아 있었다.

"그냥 저 의자가 낫겠어요."

그녀는 릴랙스 체어에서 화로대 옆 바비큐 의자로 옮겨 앉았다. 야영지를 처음 보았을 때 밝게 빛났던 얼굴은 금세 사라졌다. 그녀 스스로 긴 머리를 질끈 동여매고 올려버린 것이 문제였지만, 괜히 내 잘못인 양 미안했다.

이른 점심이었지만, 아침 식사를 못했더니 둘 다 시장기가 돌았다. 미리 준비해온 샌드위치를 꺼내 음료수와 함께 테이블에 올렸다. 사랑스러운 사람에게 먹을거리를 챙겨준다는 것은 참으로 행복한 일이다. 하지만 그 상대가 매우 시큰둥한 표정을 지으며 당연하다는 듯 받아먹을 때의 오묘한 기분이란…. 오죽 오묘했으면 '맛있냐?'도 아니고 '맛이 없느냐?'는 질문이 나도 모르게 튀어나왔겠는가.

"아뇨, 괜찮은데요? 근데 치즈랑 피클이 있으면 더 좋았을 텐테, 호호호."

된장찌개로 하루를 시작하고 김치찌개로 점심을 먹으며, 소주와 삼겹살로 하루를 마무리하던 나에게 샌드위치는 그녀를 위해 고심 끝에 준비한 브런치였다. 그런데 치즈며 피클은 예상외의 주문이었다. 그건 그렇다 치고 점심은 카레에 쉰 김치, 저녁은 목살에 김치찜이 예정되어 있는데 그녀의 그늘져버릴 얼굴이 떠올랐다. 음식 가리지 않는다는 그녀의 말만 믿고 아무 생각 없이 식단을 준비했는데 간식부터 삐걱거리기 시작한 느낌이다. 말 그대로 가리는 음식은 없으나, 좋아하는 음식은 따로 있었던 것이다.

"캠핑, 얼마나 자주 다니세요?"

다행히 그녀도 여행을 무척 좋아해서 자주 다니기는 하는데 캠핑은 처음이라고, 꼭 와보고 싶었다고 했다. 하지만 그녀와 함께 또다시 캠핑을 할 수 있을지, 점점 자신이 없어졌다.

　사실 마음 같아서는 한 달 내내 산과 바다에서 살고 싶지만, 빤한 월급에 매주 캠핑은 사치라서 한 달에 한 번 정도 다닌다고 말했다. 다행히 그녀도 여행을 무척 좋아해서 자주 다니기는 하는데 캠핑은 처음이라고, 꼭 와보고 싶었다고 했다. 하지만 그녀와 함께 또다시 캠핑을 할 수 있을지, 점점 자신이 없어졌다.

　"저는 해외여행만 다녀요. 선진국만 골라서요. 최고로 좋은 호텔과 비싼 음식을 즐겨요."

　맞는 말이다. 그런 것이 여행의 의미일 수도 있다. 선진 문물을 보고 배우기 위해 여행한다는 그녀의 말에 동감한다. 그렇다면 그녀에게 캠핑은 무슨 의미일까? 그냥 좀 편한 노숙일까? 나에게 캠핑은 가족을 위해 헌신하고자 하는 가장의 마음을 가장 잘 표현할 수 있는 레저다. 아이들이 자연을 경험할 수 있는 최고의 수업이다. 모닥불을 사이에 두고 마주한 사람과 밤하늘

별빛에게 마음속 이야기를 하는 교회 밖의 성전이다. 묻지는 않았지만, 그녀는 가장의 마음이란 호텔 스위트룸을 예약할 때부터 표현되는 것이며, 아이들에게 최고의 수업은 족집게 과외이며, 교회 밖 성전은 면세점이라 대답할 듯했다.

꿋꿋하게 계획대로 점심과 저녁을 진행했다. 다행히 음식 타박 없이 먹어주기는 했지만, 밥은 남겼고 반찬은 새 모이 먹듯 깨지락거렸다. 설거지는 모두 내 몫이라 생각하기는 했지만, 식사가 끝난 뒤 단 한 번도 돕겠다는 말은 없었다. 텐트 칠 때는 도와주겠다던 사람이 정작 소소한 일에는 일손을 나누지 않았다. 아마도 손에 물 묻히지 않으리라 결심한 듯했다.

그녀를 소개해준 사람은 그녀가 곱게 자란 규수이며, 모자라지 않은 살림에 좋은 것만 본 사람이라 항상 긍정적이라 했다. 덧붙여 여행을 좋아하니 나와 잘 맞을 거라 했다.

그러나 함께 캠핑하며 느낀 결과 그녀는 곱게만 자란 사람이라 곱지 않은 것들에는 반감이 있고, 긍정적이기는 하나 자기 표현이 너무나 솔직하고, 여행을 좋아하기는 하나 형태가 다른 여행은 함께 즐길 마음의 여유가 없어 보였다.

해가 기울고 달이 차오를 때쯤 모닥불을 피우고 그녀와 진솔한 대화를 나눠보려 했다.

하지만 이내 차오른 달은 먹구름에 숨어버리고 일기예보에 없던 비가 흩날리기 시작했다. 준비해온 와인은 그녀가 마시자 하면 따야겠다고 생각했다. 그러나 그녀는 와인 마시자는 말 대신 새벽에 일어났더니 피곤하다며 비까지 오는데 일찍 잠자리에 들겠다고 했다. 그녀의 잠자리를 봐주기 위해 텐트 안에 랜턴을 걸어주었다. 금잔화는 시들어 고개를 떨구고 있었다. 잘 자라는 간단한 인사를 한 뒤 타프 밑에 야전침대를 깔고 누웠다. 침낭 커버도 없는데 비는 타프를 비켜 사선으로 떨어졌다. 라디오를 틀어 뉴스 채널을 맞추었다.

"예상치 못한 비 소식에 놀라셨죠? 오늘밤부터 시작된 비는 내일 오후에 그칠 것으로 보입니다. 하지만 장마전선은 북상과 남하를 거듭하면서 한동안 전국에 비를 뿌릴 예정입니다. 출근하실 때 맑은 하늘을 보고 그냥 나가지 마시고 우산을 항상 준비해 만약의 비에 대비하시기 바랍니다. 괜히 우울해지기 쉬운 요즘 날씨죠? 그래도 비구름 위에는 항상 태양이 있답니다."

라디오를 껐다.

텐트 천에서 그녀의 소리가 스며 나온다.

그녀의 코고는 소리가 들린다.

그녀는 와인 마시자는 말 대신 새벽에 일어났더니 피곤하다며 비까지 오는데 일찍 잠자리에 들겠다고 했다. 금잔화는 시들어 고개를 떨구고 있었다.

캠핑 가면 월요일이 참 좋아요

엄마는 옆집 사는 아이랑 놀지 말라고 그랬는데,
캠핑 오면 어떤 아이랑 놀든지 아무 말씀 안 하세요.
집에서는 아빠 물건 만지면 엄마가 빼앗는데,
캠핑 오면 망치질해도 아무 말씀 안 하세요.
베란다에서 비누 거품 놀이했더니 바닥 미끄러워진다고 엄마한테 혼났는데,
캠핑 오면 엄마가 비누 거품 가지고 놀라고 해서 좋아요.
아파트에서 막 뛰어다니면 아랫집 아줌마가 달려온다고 엄마한테 혼났는데,
캠핑장에서는 막 뛰어다녀도 우리에게 눈길도 안 주세요.

엄마가 밥 먹으라 할 때, 바로 뛰어가서 밥 먹으면
아빠가 항상 사진 찍어줘서 좋아요.
옆 텐트 친구가 아빠를 아버지라 하길래
나도 아빠를 아버지라 했더니 좋아하세요.
밤 되면 아빠가 모닥불을 피우는데
나뭇가지 주워다 드리면 좋아하세요.
아빠는 내가 오락기 가져가는 것보다 책 가져가는 걸 더 좋아하세요.

월요일에 학교 가면 체험학습 발표 시간에
캠핑 이야기하는데,
선생님과 친구들이 다 재미있게 들어줘서 무척 좋아요.
그래서 난 월요일이 참 좋아요.

캠핑, 내 아버지의 선물

나는 캠퍼다,
때론 홀로 텐트를 친다

지위, 역할 다 내려놓고 싶을 때가 있다. 넉넉한 숲에 들어가 내 몸 하나 누일 작은 텐트를 치고 이 생각 저 생각에 빠진다. 그러다 아무 생각 없어질 때, 그때가 최고의 순간이다. 오직 나만을 위해, 나를 대변하는 시간을 위해, 불안함을 뒤로하고 홀로 캠핑을 떠난다. 어깨를 축 늘어뜨리고, 자신 없는 일상을 꾸역꾸역 살아가는 사람에게 캠핑이 선사하는 치유의 힘, 떠나 보면 안다.

그를 만나러 캠핑을
떠났다

찬바람이 불기 시작한다.

    목요일 밤. 내일 떠날까 말까 거의 한 시간을
고민하다가 결국은 짐을 싸기 시작했다. 지난주에 사놓은 커다란 더플 백에
2박 3일간의 세간을 차곡차곡 떠밀어 넣었다. 가방이 모자랄 줄 알았는데
오히려 여유롭다. 준비해간 음식을 다 먹고 돌아올 때쯤에는 더 가벼워질
것이다. 그동안 많이 돌아다니기는 했나 보다. 여행을 거듭할수록 필요한 것
과 그렇지 않은 것을 명확히 구분하기가 쉽다. 필요할 듯하지만 없어도 되는
물건은 이내 제쳐놓는다. 그간의 노숙 경험으로 물 흐르듯 자연스럽게 판단
할 수 있다.

    금요일 퇴근 시간. 서둘러 일을 정리하고 사무실을 도망치듯 빠져나왔다.
그 누구에게도 이날 나의 행방에 대해 일절 언급하지 않았다. 월요일부터
오늘까지 나는 과연 무엇을 위해 사는 것인지, 누구를 위해 사는 것인지 사
람들과 부대끼며 마음속으로 되뇌었다. 진절머리가 난다. 넓은 세상에 한
점도 안 되는 작은 공간에서 사람들과 아웅다웅하며 서로 아쉬운 소리를
할 수밖에 없는 일상. 간혹 소주 한잔으로 서로의 마음을 다독여주기는 하
지만, 그래 봐야 치열한 일상은 또다시 반복되기 마련이다. 언제까지 이렇게
사람들과 아픈 살을 비비며 살아가야 하는지 알 길이 없다. 옆자리 여직원
에게 얻은 우표 한 장을 지갑에 찔러 넣고 분주하게 움직였다. 어디를 그리

급하게 가느냐는 상사의 물음도 들은 체 만 체 주말 잘 보내시라는 금요일의 뻔한 인사말만 툭 던져놓고 차에 올랐다. 뒷자리에 가지런히 준비한 장비들을 보며 뿌듯함에 젖는다.

'잘했어. 훨씬 나아질 거야.'

주말이 가까워오면 '이번 한 주도 바쁘게 일했구나. 그런데 과연 나 자신을 위해선 무엇을 했지' 하는 생각이 들어 주체할 수 없는 우울함에 휩싸이고 만다. 고심 끝에 주말만은 나를 위해, 오직 나만을 위해 보내기로 하고, 목요일 밤부터 만반의 준비에 돌입한다.

버릇처럼 동쪽으로만 다녔기에 이번에는 서쪽으로 방향을 돌렸다. 지난해

서해에서 좋은 추억도 간직했고, 지금은 사람들도 뜸할 시기라서 혼자만의 고요한 시간을 즐겨볼 작정으로 서해안고속도로로 차를 몰았다.

생소한 길이었다. 어둠 속에서 앞차의 꽁무니만 보고 줄곧 세 시간을 달렸다. 지겨울 법도 한데 전혀 그렇지 않았다. 간혹 차창을 열어 초겨울의 상쾌한 바람을 맞으니 가슴속까지 뻥 뚫리는 해방감이 들었다. 좋아하는 음악가의 전집을 세 번씩 듣다 청취자의 시시콜콜 사연으로 구성되는 저녁 시간대 라디오 방송을 틀었다. 어느 청취자의 이별에 얽힌 사연에 혀를 끌끌 차며 안타까워하다 대학 때 자취방 우편함에 3개월 동안 하루도 빠지지 않고 연애편지를 꽂아두고 도망친 공대 남학생과 결혼까지 하게 되었다는 사연을 들으며 혼자 키득거리기도 했다. 고등학교 국어 선생의 글재주 좋다는 칭찬을 계기로 문학도가 되었건만, 그 흔한 연애편지 한번 제대로 끄적거려본 적도 없는 데다 사연 속 공대생은 서툰 필력으로 결혼까지 이루었다니 사뭇 나의 4년 글공부가 허탈해지는 순간이었다.

'하지만 지금은 문자도 한 통 안 보내요. 바쁘다는 말은 이제 핑계로만 들려요.'

사연은 결국 어설픈 문체와 서툰 글씨로 적은 100여 통의 연애편지에 감동하여 결혼한 부부의 푸념 섞인 추억담으로 마무리되었다. '역시 남녀 사이, 부부 사이, 사람 사이는 정성이 중요하구나'라는 혼잣말을 깊은 한숨 섞어 내뱉을 때쯤 부안의 고사포 해변에 닿았다.

가로등마저 꺼져버린 고사포 해변. 빛이라고는 소나무 숲 사이로 은근히 비치는 달빛이 전부였다. 가급적 파도 소리가 가깝게 들리는 자리가 좋겠다 싶어 빽빽한 소나무 사이로 차를 몰았다. 하지만 여전히 파도 소리가 작게 들린다. 동해의 거친 파도와는 전혀 느낌이 다르다. 보이지는 않지만 소리만으로도 바다의 모양새를 짐작할 수 있다.

구름이 달을 가리고, 바람에 습한 기운이 가득한 걸 보니 오밤중에 소낙비가 한차례 쏟아질 기세다. 서둘러 집을 지었다. 저녁은 오는 길에 휴게소에서 우동으로 때웠으니 식사 준비는 하지 않아도 되었다. 맥주 한 캔과 과자 부스러기만 집어 들고 잠이 쏟아질 때까지 텐트 안에서 나만의 시간을 갖기로 했다. 랜턴은 한 평 반짜리 내 작은 텐트의 구석구석까지 밝혀주었다.

'1인용 텐트에 꼭 맞는 조막만 한 랜턴이라 이 공간을 벗어나면 초라해질 테지.'

드넓은 송림의 한 점 빛밖에는 안 된다. 서서히 거세지는 바람이 텐트의 플라이를 때리기 시작한다. 초겨울 바닷바람이 오직 나만을 위한 최소한의 장비들을 일렁이게 만들더니 이내 빗방울이 후드득 텐트를 후려쳤다. 시간은 12시가 훌쩍 넘었다. 가방에서 편지지와 새로 산 볼펜을 서둘러 꺼냈다.

'너만 사랑하는 너에게.'

아홉 음절로 한 줄을 채우긴 했는데 그다음이 먹먹했다. 사정없이 떨어지는 굵은 빗방울 소리만이 내 머릿속을 채웠다. 그저 마음 가는 대로 써야겠다는 생각으로 펜대를 고쳐 잡았다.

'편지까지 써가며 훈계할 생각은 처음부터 없었어. 그런데 너를 보면 브레이크 없는 불도저가 생각나. 눈 감고 귀 막고 오직 나 갈 길만 가련다 하는 오만과 고집. 시간이 지나 나이를 한 살 두 살 먹으면 그 아집의 뾰족한 칼

서서히 거세지는 바람이 텐트의 플라이를 때리기 시작한다. 초겨울 바닷바람이 오직 나만을 위한 최소한의 장비들을 일렁이게 만들더니 이내 빗방울이 후드득 텐트를 후려쳤다.

끝이 무뎌져야 마땅한데, 그렇게 안 되지? 자신을 돌아보는 것은 그래서 더 어렵고, 더 중요한 것 같더라고. 애정을 갖고 너에게 좀 더 나은 사람이 되라고 일일이 지적하는 노력을 마다하지 않을 이가 몇이나 있겠니? 다들 제 할 일로 바쁜 세상이라고.

사소한 말 한마디에 사람의 마음을 얻고, 또 그 한마디에 눈물을 쏙 빼는 우리는 사실 알고 보면 대단히 나약한 사람들이야. 그 나약함 때문에 넌 자신을 지키기 위해 차가운 벽을 공고히 쌓아 올리는 것이겠지. 그러는 네가 난 안쓰러울 따름이야.'

담배 생각이 간절했다. 편지지를 반절 조금 넘게 채우고 나서 담배를 집

캠핑, 내 아버지의 선물

어 들고 타프 처마 끝에 쪼그려 앉았다. 파도 소리에 섞여드는 빗소리가 운율을 맞추는 듯했다. 담배를 한 모금 깊게 빨아들였다 내쉰다. 떨어지는 빗방울 사이로 연기가 흩어졌다. 내 속에 있는 잡것들도 함께 흩어졌으면 좋으련만. 다시 깊게 한 모금을 더한다.

빗방울이 바람을 타고 타프 안으로 들이쳤다. 생각의 흐름이 끊기기 전에 편지를 마무리해야 한다. 담배를 비벼 끄고 텐트 안으로 들어가서 다시 펜을 들었다.

'높게 쌓아 올린 벽은 전혀 아름답지 않아. 그 벽이 비와 바람을 막아 너를 지켜주겠지만, 비와 바람을 함께 맞으며 울고 웃을 수 있는 아름다운 사

람들은 잃겠지. 벽을 넘어 손을 건네봐. 어렵지 않잖아. 그러면 넌 사람을 얻을 수 있어.'

어느새 편지지의 마지막 줄까지 채웠다. 더 쓰고 싶었지만, 손가락이 아팠다. 너무 힘주어 꾹꾹 눌러 썼나 보다. 봉투에 익숙한 주소를 적었다. 사무실에서 훔쳐오다시피 한 우표를 붙였다. 입 밖으로 소리 내어 말하지 않았을 뿐 하고 싶은 말을 쏟아냈더니 속이 후련했다. 두툼한 편지 봉투를 만지작거리니 묘한 뿌듯함이 밀려왔다. 이제 수취인의 반응을 기다리는 일만 남았다. 그에게 변화가 있기를 바란다. 한 통의 편지가 한여름의 아침 이슬처럼 사라지지 않기를 바란다.

침낭 속으로 파고들었다. 머리맡에 편지 봉투를 올려놓고 오늘 하룻밤만은 달콤한 꿈속을 거닐고 싶었다. 텐트 위로 떨어지는 빗소리가 자장가처럼 들려오더니 곧 깊은 잠에 빠져들었다.

새벽녘 파도 소리에 잠에서 깨고 보니 밀물이 텐트 바로 앞까지 차올랐다. 충분히 잔 것 같은데 눈이 시렸다. 랜턴 불빛 아래에서 깨알 같은 글을 쓰느라 손가락뿐 아니라 눈도 힘들었나 보다. 중요한 아침이다. 어제와 달라야 하는 아침이다. 평소 같으면 식빵에 잼을 발라 우격다짐하듯 허기를 채웠을 텐데, 오늘만은 정성을 쏟아 챙겨 먹기로 했다. 깨끗이 씻은 쌀을 담은 코펠을 버너에 올렸다. 조심스레 불을 조절해가며 밥을 지었다. 혼자 먹을 적은 양의 쌀을 담은 소담한 밥솥. 밥을 짓는 기분이란 참 좋다. 미리 준비해온 갖은 반찬을 테이블에 가지런히 올려놓았다. 나만을 위한 성찬이니 번거롭지도, 힘들지도 않았다. 구색을 갖추려 했는데 어설프기 짝이 없었다.

아무렴 어떠랴. 인적 드문 이 해변에서 누군가에게 보여줄 것도 아니니 마음 쓸 일 없다. 성스러운 의식을 치르듯 한 숟갈 한 숟갈 맛있게 먹었다. 밥그릇을 말끔히 비운 뒤 커피 물을 끓였다. 어제의 습한 기운이 아직도 감도는 송림에 커피 향이 퍼져 나간다.

'잘했어. 훨씬 나아질 거야.'

한 모금씩 마실 때마다 커피 향이 코끝까지 닿았다. 맑게 갠 하늘, 오전의 상큼한 햇살이 소나무 사이를 비스듬히 비집고 들어왔다. 더할 것도 덜할 것도 없는 최고의 순간이다. 비릿함이 가득했던 여름 바다는 흔적도 없고 겨울 바다의 알싸함과 상쾌함만이 공기 중에 떠돌았다.

'가자. 좋을 때 떠나야지.'

하룻밤 단출한 살림살이라 솔방울 주워 담듯 장비를 차에 싣고 왔던 길을 되짚었다. 비어 있는 조수석에 밀려드는 오전 햇살이 포근했다. 오른손으로 조수석 시트를 만져보았다. 따뜻했다. 음악을 들을까? 라디오를 들을까? 어제도 원 없이 들었던 음악을 또 들으면 지겨울 것 같아 라디오를 틀었다. 게스트로 짐작되는 남자 출연자의 시답잖은 농담에 DJ로 추정되는 여자가 까르르 넘어간다. 어떻게 시작된 대화인지 알 길이 없으니, 왜 그렇게 웃어대는지도 모를 일. 하지만 여자 DJ의 유쾌한 웃음에 나도 유쾌해졌다. 괜스레 입꼬리가 올라갔다.

기억에 남을 리 없는 시시콜콜한 이야기와 익숙하지 못한 요즘 노래들을 두어 시간 듣다 보니 지루해졌다. 전화기를 들어 통화하고 싶은 이를 찾아보았다. 주소록을 뒤적거리는 시간이 길어진다. 누군가의 전화번호를 찾았다

침낭 속으로 파고들었다. 머리맡에 편지 봉투를 올려놓고 오늘 하룻밤만은 달콤한 꿈속을 거닐고 싶었다. 텐트 위로 떨어지는 빗소리가 자장가처럼 들려오더니 곧 깊은 잠에 빠져들었다.

캠핑, 내 아버지의 선물

 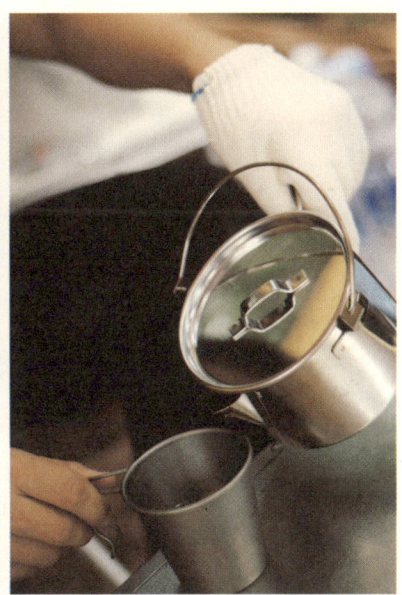

해도 막상 통화 버튼을 누르려고 하면 왠지 망설여진다.

'바쁘겠지? 바쁘다고 나중에 통화하자 그러면 서운할 텐데. 이 사람은… 너무 오랜만의 전화라 생뚱맞겠지.'

이 핑계 저 핑계로 통화도 못한 채 전화기를 멀뚱히 들고 있는 손에서는 서서히 힘이 빠졌다. 확실한 내 사람, 언제든지 가족처럼 달려와줄 사람이 있는지는 이런 순간에 알 수 있는 것. 내 잘난 맛에 사는 건 잘났을 때나 느끼는 맛일 뿐이고, 이럴 때는 씁쓸한 맛만 남는다는 것.

'그래, 이 사람! 이 사람한테 전화해야겠다!'

전화 상대를 찾고자 했을 때 번뜩 떠오른 사람은 아니었다. 그리 친분이 오래된 것도, 깊은 것도 아니다. 캠핑하다가 우연하게 만나 인연을 이어간, 흔히 말하는 지인 정도. 캠핑을 함께할 때 그는 불편한 질문은 하지 않고, 절묘한 망중한에는 조용히 그 순간을 즐기게끔 배려했다. 유쾌한 대화를 할 때는 어릴 적 가장 친한 동급생을 마주한 듯 즐거웠다. 그는 무난한 성격에 대인관계가 좋은 터라 주변에 사람이 들끓는 편이었다. 나와는 조금 다른 사람. 이 사람에게 전화해야겠다고 마음먹은 결정적 이유라면, 너무 친하지 않은 적당한 거리, 그리고 왠지 모를 편안함 때문이다.

빠른 템포로 대화가 술술 이어졌다. 왜 혼자 캠핑을 갔느냐고 꼬치꼬치 캐묻지도 않았으며, 근황을 묻는 말도, 대답도 가볍게 오갔다. 걸걸하지만 유쾌한 '솔' 톤의 목소리에 나도 밝은 기운을 찾았다. 소주 한잔하자고 제의한 쪽은 그였다. 캠핑을 가자고 제의한 쪽은 나였다. 그는 좋은 술자리이니 모두가 아는 사람을 몇 명 더 부르자고 했다. 연락은 그가 한단다. 난 흔쾌히 응했다. 부럽다. 난 전화할 사람을 찾느라 고심에 고심을 거듭했는데, 그는 갑작스러운 전화에 3분도 안 되어 사람을 불러 모은다. 그것도 나 멋쩍어할까봐 내가 아는 사람으로만. 그나마 내가 이런 사람을 알고 있다는 것이 얼마나 다행스러운 일인가. 난 이 사람보다 더 나은 사람은 될 수 없을 것 같다.

약속 장소로 달려가는 길이 더욱 즐겁다. 앞으로 세 시간은 더 달려야 하지만, 운전의 피곤함은 소주 한잔과 사람들의 온기로 달래볼 작정이다.

사람을 피해 도망치듯 달려왔는데, 돌아가는 길에는 사람이 그리워진다. 내가 독하지 못해 그런 것 같기도 하고 오히려 내가 사람다워서 그런 것 같기도 하다. 정답은 모르겠지만, 역시 사람과 어울려 살아야 사람다워지나 보다.

해넘이에 도착한 캠핑장에서는 어제와 전혀 다른 밤을 보냈다. 웃고 떠들고 때로는 심각하게 상대의 이야기를 들어주고 함께 고민하다 보니 새벽 5시를 훌쩍 넘겨버렸다. 그러나 다음 날 일어났을 땐 어제의 기억이 가물거리기만 했다. 아침에 일어나자마자 그가 천천히 커피를 내려주었다. 전날 바닷가에서 홀로 마셨던 커피와는 또 다른 향이었다. 커피의 종류가 달라서라기보다, 구수한 향이 더욱 진한, 사람의 풍미를 덧입힌 커피 향이었다. 몸은 말할 것도 없이 피곤했지만 저녁노을을 가르며 집으로 돌아가는 길은 뿌듯함으로 가득했다.

주말 2박 3일 캠핑 강행군의 여파는 화요일까지 이어졌다. 의자에 기대어 연신 기지개를 켜는 내 모습을 보며 옆자리 여직원이 핀잔을 줬다.

"주말에 뭐하신 거예요? 지난주에 갑자기 우표 뺏어서 휙 사라지시더니 어제, 오늘 데친 시금치마냥 늘어져 계시네?"

"여행했어. 사람 피해서 갔다가 사람 찾아서 왔지."

알쏭달쏭 주문 외듯 답을 던져주었더니 더 생뚱맞다는 표정이다.

"편지 왔어요. 봉투가 핑크빛이네요? 보낸 사람도 안 적혀 있고. 연애하시나 봐요. 하하하. 저도 한창때는 이런 편지 많이 받았는데. 어휴, 부럽다."

"결국 왔구나. 훗."

혼잣말을 중얼거리며 편지를 받아 든다. 뜯어보지도 않고 서랍에 밀어 넣는다.

"쑥스러우신가 봐요. 하하하. 누군지 안 궁금하세요? 나 같으면 당장 뜯어보겠네."

"나중에 뜯어보려고. 사는 게 힘들어질 때."

'내용이 궁금하지는 않아. 쓴 지 나흘 만에 까먹을 정도는 아니야.'

"쑥스러우신가 봐요. 하하하. 누군지 안 궁금하세요? 나 같으면 당장 뜯어보겠네."
"나중에 뜯어보려고. 사는 게 힘들어질 때."

홀로 떠나는 캠핑에 앞서
이해하고 포기하기

캠핑을 하면 할수록 내 마음의 키가 점점 자라나는 것을 느낀다. 다른 사람을 이해하거나 이해하기에 너무 벅차다면 포기할 줄도 아는 마음.

짐이 점점 줄어든다. 한 차 가득 싣고 다녔던 예전에 비하면 지금은 소풍 수준이다. 먹을거리에 대한 욕심을 버리게 되고 야밤의 추위와 어둠에 대한 두려움은 이겨내보자는 의지가 생긴 듯하다.

평소의 무심한 태도를 버리고 조금만 의지를 보태면 캠핑에선 일상과는 전혀 다른 아침을 맞이할 수 있다. 흡사 새로운 인생을 맞이한 기분. 이런 느낌이 그리워 캠핑을 저버릴 수 없나 보다.

저 아래 어젯밤까지 내가 있었던 저곳. 사람들은 저 성냥갑 시멘트 덩어리 속에서 무엇에 홀려 그리 치열하게 사는 것일까?

어젯밤. 일상에 찌들었던 나에게 정녕 필요한 것은 잠이었다. 하지만 '그래도 내일 아침은 좀 다르게…'라는 기대로 배낭을 꾸리고 산을 올랐다.

달콤한 잠을 포기하고 오른 산에서 맞이한 새벽. 눈 아래로 어제 그 도시를 내려다보고 있다. 그 도시를 떠나왔다는 것이 너무나 상쾌했다. 하나를 덜어내면 다른 하나를 얻을 수 있다는 명제를 나는 온몸으로 느끼고 있다.

내가 원하는 것, 혹은 남이 원하는 것. 두 가지가 일치해 한 가지만 생각하고 나아갈 수 있다면 그 이상 좋을 수 없을 것이다. 하지만 가족이라 해도

항상 마음이 같을 수 없다. 꽃을 보고 아름답다 느끼는 이가 있다면, 배경 하늘이 참으로 맑다고 즐거워하는 사람이 있다.

캠핑, 내 아버지의 선물

생각이 다르며 둘도 없는 친구라 해도 서로 생활이 다르니 항상 마음이 같을 수 없다.

꽃을 보고 아름답다 느끼는 이가 있다면, 배경 하늘이 참으로 맑다고 즐거워하는 사람이 있다. 어두운 밤이 두렵다 웅얼대는 사람이 있는가 하면, 그 어둠 속에 은은히 빛을 내는 텐트를 참으로 아늑하게 느끼는 이가 있다. 평범하게 올곧은 인생을 살아온 잣대로 넓은 아파트를 내세우는 사람이 있는가 하면, 어디에 살든 사는 방식이 중요하다 외치는 사람이 있다. 사람 간에 이런 차이가 있는 것은 인생에서 어떤 것을 포기하고 어떤 것으로 채우느냐에 대한 답이 각자 다르기 때문이리라.

부부도 마찬가지일 것이다. 함께 인생을 만들어보겠노라고 서로 손가락에 반지를 끼워주며 미래를 약속했지만 살아온 세월만큼 인생에 대한 생각의 차이가 있을 것이다. 앞으로 어떻게 살아야겠다는 생각도 아마 서로 다를 것이다.

이해와 포기.

홀로 캠핑을 떠나는 사람이 있다면 그 사람의 반쪽은 평일과 다름없는 일상 속에 있을 것이다. 어쩔 수 없어서 그 일상 속에 있을 테지만 캠핑을 떠나보내는 그 마음은 '이해' 혹은 '포기' 둘 중 하나일 것이다.

홀로 캠핑을 떠나는 사람은 남아 있는 반쪽의 마음이 '나를 이해'한다고 생각할 수도 있다. 하지만 그건 정답일 수도 아닐 수도 있다. 이해하는 마음일 수도 있지만 이해할 수 없어 포기하는 마음일 수도 있다. 이해하자니 오히려 마음이 아프기 때문에 그저 포기하고 보내는 마음일 수도 있지 않을까? 그러나 포기하면 빈자리가 생기고 신기하게도 그 텅 빈 마음에 또 다른 이해가 똬리를 튼다.

어쩌면 이해하려고 애쓰다 서로의 마음에 생채기가 생길까 우선은 포기하고 마음을 비운다. 그러다 보면 서서히 그 빈자리에 떠난 사람을 새롭게 받아들여 결국 서로 이해하고 닮아간다.

비단 캠핑을 취미로 하는 부부 사이에서만 일어나는 일은 아닐 것이다. 함께 캠핑을 즐기는 사람들 사이에서도 있을 수 있는 일이며, 이로써 마음의 키가 점점 자라나는 경험을 한다. 캠핑은 단순히 야외에서 색다른 경험을 즐긴다는 차원을 넘어 타인에 대한 배려심, 그리고 포기를 통하여 이해를 체득하는 새로운 관용을 깨우쳐준다.

캠핑은 단순히 야외에서 색다른 경험을 즐긴다는 차원을 넘어 타인에 대한 배려심, 그리고 포기를 통하여 이해를 체득하는 새로운 관용을 깨우쳐준다.

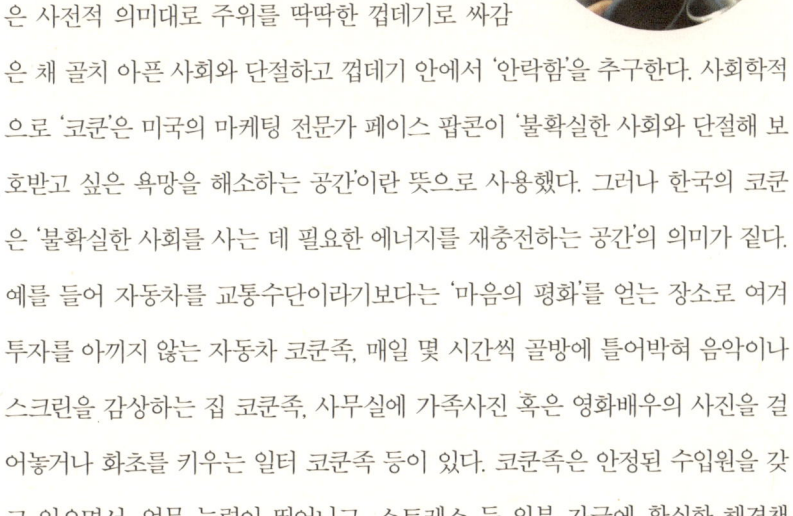

21세기를 준비하는 새 부류인 '코쿤(Cocoon)족'은 사전적 의미대로 주위를 딱딱한 껍데기로 싸감은 채 골치 아픈 사회와 단절하고 껍데기 안에서 '안락함'을 추구한다. 사회학적으로 '코쿤'은 미국의 마케팅 전문가 페이스 팝콘이 '불확실한 사회와 단절해 보호받고 싶은 욕망을 해소하는 공간'이란 뜻으로 사용했다. 그러나 한국의 코쿤은 '불확실한 사회를 사는 데 필요한 에너지를 재충전하는 공간'의 의미가 짙다. 예를 들어 자동차를 교통수단이라기보다는 '마음의 평화'를 얻는 장소로 여겨 투자를 아끼지 않는 자동차 코쿤족, 매일 몇 시간씩 골방에 틀어박혀 음악이나 스크린을 감상하는 집 코쿤족, 사무실에 가족사진 혹은 영화배우의 사진을 걸어놓거나 화초를 키우는 일터 코쿤족 등이 있다. 코쿤족은 안정된 수입원을 갖고 있으면서, 업무 능력이 뛰어나고, 스트레스 등 외부 자극에 확실한 해결책(코쿤)을 내놓는 것이 특징이다.

〈사회복지학사전〉 이철수 외 공저, 2009, 블루피쉬

"놀러 와. 여기 양평에 있는 펜션이야, 뒤뜰이 넓으니까 너 좋아하는 캠핑해도 돼."

토요일 늦은 오후, 방구석에 틀어박혀 있던 나에게 단비와도 같은 소식이었다. 주중 내내 야근하느라 몸이 고되어 아무 생각 없이 집에만 있어야겠

다고 결의한 터였지만, 정작 황금 같은 주말을 그렇게 보내려니 오히려 몸이 무거워지는 느낌이었다. 그런데 친구의 전화 한 통에 갑자기 내 목소리에는 윤기와 생기가 돌았다.

역시 나는 캠퍼였다. 간단히 장비를 챙겨 차에 싣는 데 20분이 채 걸리지 않았다. 전화를 끊은 직후 침대와 한몸이 되려는 순간 박차고 일어나 이미 머릿속으로 인지하고 있던 간단 물품 목록대로 선반에 가지런히 놓인 장비들을 골라내는 손길은 그 어느 때보다 체계적이고 빨랐다.

차에 올라 시동을 걸었다. 내가 원하는 휴식이 시작되는 순간이었다. 운전대를 바투 잡고 친구가 말한 행선지로 달렸다. 초여름 오후의 길어진 햇살이 성가시기는 했지만, 조금 전까지 침대 구석을 파고들던 나른한 볕과는 달랐다.

이미 떠났거나, 혹은 대부분 집에서 쉬고 있는 사람들 덕에 길은 한산해 양평까지는 단숨에 도착할 수 있었다. 다만 내비게이션이 안내하지 않는 산골짝 펜션을 찾아가는 데 집에서 양평까지 간 시간만큼 걸렸다. 손전등을 들고 마중 나온 친구와 어둠 속에서 인사를 나누었다. 친구가 전화로 말해주었던 펜션의 뒤뜰 캠핑장은 손바닥만 한 손전등 불빛으로 대충 위치만 확인할 수 있을 뿐이었다. 비록 듬성듬성하긴 했지만 잔디가 깔렸고, 나름 정비 작업을 잘해놓은 듯했다. 낮에 도착했다는 친구 말로는 사람들의 출입도 없어 보인다고 했다.

친구는 일행에게 나를 '캠핑하는 사람'으로 소개했고, 그중 한 명이 '캠핑하는 사람들은 고기를 잘 굽더라'는 어처구니없는 선입견을 발설하는 바람

차에 올라 시동을 걸었다. 내가 원하는 휴식이 시작되는 순간이었다. 운전대를 바투 잡고 친구가 말한 행선지로 달렸다.

손전등 불빛이 비추는 곳 이외에는 아무것도 볼 수 없었지만, 난 능숙한 손놀림으로 각 잡힌 텐트 한 동을 금세 우뚝 세웠다. 친구는 연신 '캠핑의 신'이라며 입을 다물지 못했다.

캠핑, 내 아버지의 선물

에 나는 줄곧 매캐한 연기에 눈물 찔끔거리며 고기 집게와 가위를 들고 있어야 했다. 딴에는 칭찬으로 해준 말이라 싫은 내색은 하지 않았다. 오히려 '모든 요리를 잘하더라' 하지 않은 것을 위안으로 삼았다. 새로운 사람들과 어울려 신선한 이야기로 새벽까지 채운 토요일. 집에만 있었다면 몸이야 쉬었겠지만, 머리는 텅 빈 채 다음 주를 맞이했을 것이다. 친구 덕에 세상 돌아가는 새로운 이야기를 들을 수 있어 좋았다.

달마저 기울어가는 늦은 새벽, 자리를 정리한 후 그들은 숙소로 향하고, 나는 텐트를 펼치러 갔다. 잔디가 깔린 평탄한 자리를 찾은 다음 친구의 손전등에 의지해 간단히 잠자리를 만들었다. 급하게 챙겨오는 바람에 랜턴을 빼놓은 데다가 갑작스런 안개로 손전등 불빛이 비추는 곳 이외에는 아무것도 볼 수 없었지만, 난 능숙한 손놀림으로 각 잡힌 텐트 한 동을 금세 우뚝 세웠다. 친구는 연신 '캠핑의 신'이라며 입을 다물지 못했다.

작은 텐트의 아늑한 공간에 몸을 뉘었다. 온몸에 덕지덕지 붙어 있던 피곤이란 딱지들이 떨어져 나가는 느낌이었다. 텐트의 덩치는 작았지만, 내 몸 하나 뉘고 세상에서 가장 편한 자세로 하룻밤 보내기에는 모자람이 없었다. 그야말로 나만의 코쿤, 고치였다. '아… 편하다'라는 생각이 들자마자 난 잠에 곯아떨어졌다.

그다음 날 아침, 나를 깨운 것은 새소리도, 바람 소리도 아닌 사람들의 웅성거리는 소리였다.

"안 돼, 그냥 저쪽으로 가서 하자. 여기 텐트에 사람 있는 것 같아."

"딴 거 해야 할 것 같은데? 텐트 때문에 한쪽을 못 쓰잖아. 에이~."

난 애벌레처럼 침낭 속에서 몸을 움츠린 채 텐트 천 너머로 들리는 그들의 볼멘소리를 가만히 듣고 있어야 했다.

나만의 평화를 얻고 에너지를 재충전하기 위해 틀 안에 갇히고 싶지 않다. 설령 재충전된다 해도 그 틀만큼일 것이다. 더 큰 평화와 더 강한 에너지를 충전할 수 있다면 난 그따위 틀 같은 것 깨치고 나아갈 것이다. 굳이 갖다 붙인다면 나는 캠핑에서 평화를 찾고, 에너지를 충전하는 '캠핑 코쿤족'이겠으나, 캠핑이 경계 없는 자유의지 혹은 일상과 다른 밖(Outdoor)의 의미가 강하므로 코쿤과는 구별될 것이다. 그래서 나는 코쿤족이기를 거부하겠다.

일상의 편견과 고정관념을 뛰어넘는 나는 캠퍼다.

설령 그곳이 축구장이라 해도….

텐트 출입구에 꽉 채워진 지퍼를 과감하게 열어 젖힐 시간이다.

나는 코쿤족이기를 거부하겠다. 일상의 편견과 고정관념을 뛰어넘는 나는 캠퍼다. 설령 그곳이 축구장이라 해도….

캠퍼의
이중생활

어제 직장 상사가 던진 뜬금없는 질문.

"캠핑, 왜 하냐?"

선뜻 대답하지 못했다. 과연 나는 왜 캠핑을 하는가? 머릿속에 떠도는 단어들만 수백 개인데, 그걸 조합해서 시원스런 문장은 만들지 못했다. 정작 내뱉은 말은 어처구니없고 멋스럽지 못했다.

"자연, 좋잖아요. 하하하."

그걸 몰라서 질문한 것은 아닐 텐데, 집에 와서 곰곰이 생각해본다. 나는 왜 캠핑을 하는가? 일상에서 철저히 분리되거나 탈출하기, 또 다른 일상 만들기. 이것이 정답일 것이다.

캠핑장에 두 발을 딛는 순간, 이중생활은 시작된다. 매연에 찌든 도시의 아스팔트 길을 걸을 때와는 전혀 다른 감각이 발에 전해온다. 인위적으로 길을 내고 구획한 도시에서는 길을 걷는 것조차 규율에 몸을 맞추는 듯 불편하다. 숲으로 들어가 걷다 보면, 인간이 만든 길은 숲의 작은 부분에 지나지 않는다는 생각이 든다. 기꺼이 주변인이 되어 숲을 탐하는 기분은 실로 상쾌하다. 잿빛 빌딩에 둘러싸여 있다 푸른 생명체의 품 안으로 스밀 때는 내 안에 짜릿함이 솟구친다. 싱그러운 계절에 돋아나는 새순들처럼 기지개를 켜고 깊은 호흡을 할 때면 강렬한 에너지를 전달받는 기분이다.

캠핑의 하이라이트라 할 만한 푸짐한 식사는 또 어떤가. 캠핑을 떠나기

인위적으로 길을 내고 구획한 도시에서는 길을 걷는 것조차 규율에 몸을 맞추는 듯 불편하다.

캠핑, 내 아버지의 선물

전 고민하며 먹을거리를 고르는 건 소풍 전날처럼 참으로 행복하다. 하지만 평일 낮 12시를 떠올려보라. 건물 여기저기에서 배고픈 직장인들이 쏟아져 나온다. 똑같은 고민을 이마에 붙이고서.

'오늘은 또 무엇으로 한 끼를 때우지?'

한 선배는 안 그래도 일 때문에 머리가 복잡한데 먹는 것마저 고민해야 한다며 머리를 쉴 틈이 없다고 푸념했다. 캠핑장에서 먹는 식사는 메뉴 구상부터 상차림까지 설렘의 연속이다. 집에선 잘 안 해 먹는 색다른 요리, 이웃이 맛있었노라 추천한 요리, 혹은 고마운 이에게 대접할 화려한 요리에 도전한다. 신이 나서 재료를 사고, 궁극의 조리법을 찾아내는 시간들은 그 자체로 즐거움이다.

맛있는 고기와 향긋한 술이 어우러진 캠핑의 밤은 도시의 술자리와는 차원이 다르다. 담배 연기 가득한 사무실 근처의 삼겹살집. 그 암울하고 불편

한 자리에서 마시는 술. 숙취가 어김없이 뒤따라온다. 그러나 바람과 물, 나무가 내뿜는 오묘한 화음을 안주 삼아 들이켜는 술은 취하려고 마시는 게 아니다. 아무리 마셔도 취하지 않더라는 어느 캠퍼의 말은 틀리지 않다. 청명한 공기가, 자연의 기운이 취기에 쓰러지지 않도록 나를 붙잡아준다. 혀에 전해지는 알싸함은, 몸을 달아오르게 하는 뜨거운 기운은 도시에서와는 전혀 다르다. 공기가 좋아서 술이 안 취한다는 말은 정말이지 근거가 있는 얘기다.

'노숙이라니 추울 텐데. 흔한 게 콘도고 펜션이구먼. 웬 궁상이야?'

밖에서 하룻밤 자려면 여러모로 번거로운 준비가 뒤따른다. 첫 야영은 그래서 시행착오도 많고 빼먹은 것도 많지만 쉬 잊지 못할 추억이 한가득 생

캠핑을 떠나기 전 고민하며 먹을거리를 고르는 건 소풍 전날처럼 참으로 행복하다.

기는 이벤트다. 깔끔한 아파트에 익숙한 요즘 사람들은 이 모든 것들을 궁상맞다 여길 수밖에 없지만, 실제로 경험해보지 않고서 '궁상'이라고 재단해버리는 이들은, 단호히 말하건대, 이 짜릿한 이중생활을 누릴 자격이 없다. 자연과 벗 삼는 하룻밤을 궁상이라 말하는 이들은 도시의 일상에 너무나 젖어 있다. 모든 게 편하고 안락한 세상에, 그 편리함에 놓치는 것이 얼마나 많은지 모른 채. 잘 정비된 건물 라디에이터의 성의 없는 열기에 익숙해진 탓에 온몸으로 추위를 쫓아주는 모닥불이 낯설기만 하다. 피자 체인점의 고구마클러스터 피자는 맛있다. 하지만 은근한 잔불 속에서 집어낸 고구마의 정감 어린 맛과는 비교가 안 된다. 이중생활이 그토록 쉽게, 뚝딱 이루어지면 좀 서운하지 않겠는가. 불편함 속에서 온기를 느껴본 이라면 그 불편함을 기꺼이 받아들일 것이다.

이제 그 직장 상사에게 주저 없이 말할 것이다.

"캠핑을 왜 가냐고요? 저, 이중생활 하는 겁니다."

자연과 벗 삼는 하룻밤을 궁상이라 말하는 이들은 도시의 일상에 너무나 젖어 있다. 모든 게 편하고 안락한 세상에, 그 편리함에 놓치는 것이 얼마나 많은지 모른 채.

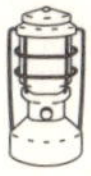

뷰파인더 속에
봄 담기

봄볕치고는 더위가 약간 묻어오는 4월 중순이다. 나무 그늘의 서늘함이 더없이 좋은 지금, 캠핑 겸 출사를 위해 떠났다.

각자 사진기를 들고 숲 속으로 향했다.

사진이란 참으로 즐거운 도둑질이다. 카메라 하나만 있으면 흘러가는 시간을 내 손가락 하나로 잡아둘 수 있다. 정성만 기울이면 내 후손에게까지 붙잡아둔 시간에 관한 이야기를 전할 수 있다. 한낱 인간은 흘러가는 시간을 붙잡아둘 수 없으니 소중히 하라는 선각자의 말들이 이 카메라 앞에서만큼은 무색해 보인다.

어깨 위로 봄볕을 인 채 카메라 하나 달랑 들고 떠나는 출사 캠핑.

'앞으로 나의 카메라 뷰파인더에 무엇을 담을까?'라는 기대감만으로도 발걸음은 가벼워진다.

전문가냐 처음 카메라를 잡은 초심자냐에 상관없이 그들 곁을 스쳐 가는 시간과 공간은 언제나 같다. 다만 앙리 카르티에 브레송이 말하는 '찰나'를 누가 잡느냐 하는 문제일 뿐. 배움의 선후와는 아무 관련이 없다.

잡느냐 혹은 무심코 지나쳐버리느냐가 관건이지 잘 찍느냐 못 찍느냐는 사진에 대한 통념에서 비롯된 무의미한 판단일 뿐이라고 생각한다. 간혹 숲을 배경으로 촬영할 기회가 있을 땐 되도록 사람을 하단에 배치해 웅장한

느낌 가득하게 찍는다. 사람은 자연의 일부이며 절대 자연을 지배할 수 없는 작은 존재라는 생각이 들어서다.

캠핑 이웃에게 말했다.

"빌딩 숲에서는 자동차 소음이 시끄럽기만 하고 짜증스러운데 숲에서는 물과 바람 소리가 끊임없는데도 정말 듣기 좋고 잠도 잘 옵니다."

때마침 한차례 지나가는 바람이 드높은 나뭇가지들을 흔들어놓는다. 모자를 벗어 간만의 등산으로 흘린 이마의 땀을 식혀주고 지나가는 바람을 가슴 깊이 담아 호흡해본다. 머릿속이 한결 가벼워지는 느낌이다.

겨우내 말라 고목으로 보였던 나무에서 새순이 돋아나고 있다. 생명력, 과연 내겐 생명력이 있는가? 아무 생각 없이 회사와 집을 오가며 때 되면

나오는 월급 받아 챙기는 나는 너무나 메마르게 사는 것은 아닐까? 반이 싹둑 잘려나간 나무와 같이 힘든 상황에 부닥친 것도 아닌데 돋아나는 저 새싹처럼 살아야겠다는 절박한 심정이 없는 듯하다. 어쩌면 나는 목표도 희망도 없이 그럭저럭 살아가고 있는 생명력 없는 인간은 아닌지.

산행을 하다 보면 겨울이 지나고 봄이 되어 환하게 피어난 꽃들이 특히 반갑다. 카메라를 들고 있을 땐 더더욱. 아직 단장을 못해 적막한 초봄의 숲에선 너무나 반가운 피사체이기 때문이다.

일주일 정도 일찍 왔더라면 이 길에서도 진해 군항제 못지않게 아름다운 벚꽃을 담을 수 있었을 텐데. 꽃에 대해서 그다지 애착도 없고 아는 바도 없지만 봄을 가장 봄답게 만들어주는 왕벚꽃은 무척 좋아하는 계절 꽃이다.

더군다나 벚꽃은 개화가 마무리되면 눈처럼 흩날리는 그 순간까지 보는 이에게 또 다른 봄의 즐거움을 준다.

이젠 볕이 따사롭다기보다는 약간 따갑게 느껴진다. 이때가 되면 항상 매년 사계절이 봄 같았으면 좋겠다 생각한다. 하지만 붙잡아둘 수 없는 것 역시 봄의 매력이며 시간이 주는 또 다른 선물이겠지. 항상 내 곁에 머무르지 않지만 또다시 돌아올 것이라는 기다림이 즐거운 선물.

생명력, 과연 내겐 생명력이 있는가? 아무 생각 없이 회사와 집을 오가며 때 되면 나오는 월급 받아 챙기는 나는 너무나 메마르게 사는 것은 아닐까?

나는 스스로 대견한가?

'배낭이 작아서 그렇다'라는 핑계보다는
'내 욕심이 배낭보다 크다'라는 위로가 맞다.
덜어내야 하지만 불편함을 감내할 배포가 작아서인지
배낭은 이미 터질 듯한 기세인데
양손에 들려 있는 또 다른 짐들.
조금 모자라고 불편하다 불평한들 이미 집 밖이고,
'편안함'을 내동댕이친 후이며,
어차피 내 뜻으로 여기까지 왔다는 사실을 기억해야 한다.
나를 있는 그대로 자연에 맡기고,
그 속에서 웃고 있는 나를 발견할 때 참 대견할 듯도 한데.
이미 게으름과 나태함이 온몸에 덕지덕지 붙은 나에게
저 높은 산과 차가운 바람은
머리를 숙이게 하며, 옷깃을 여미게 만든다.
나 스스로 대견하려면…
아직 한참 먼 듯하다.

캠핑, 내 아버지의 선물

캠핑 이웃, 값진 인연에 감사하기

같은 공간에서 밤을 지새워서 그런지, 캠핑하다 만난 인연은 왠지 애착이 간다는 고백을 쉬 들을 수 있다. 나이를 먹을수록 친구 관계 유지하기 어렵고, 새 친구 만들기는 더 어려운데 어찌된 일인지 텐트 숲에만 가면 그 까다로운 일이 즐겁고 또 쉽다. 가끔 혼자만의 착각에 빠져 옆 텐트 아가씨와 로맨스를 꿈꾸는 부끄러운 총각도 있지만 어쨌든 캠핑은 값진 인연을 선물한다는 것.

친구의 발견

親舊. 오래 두고 가깝게 사귄 벗.

연리지와 같은 인연은 아니라 해도 살면서 인연이 닿은 사람들 중 친구라 할 사람은 그리 많지 않다. 더군다나 뜻풀이 그대로 '오래' 두고 가깝게 지낸 이들이어야 하니, 요즘같이 급박히 돌아가는 세상 속에서 '오래'라는 것은 어쩌면 부담스러운 필요충분조건일 듯.

산과 바다와 계곡과 나무와 따사로운 태양에 감사하고 은은한 달빛을 술잔에 담아 마시기를 함께하다 보면 캠핑에서 사람 사귀기는 그리 어렵지 않다. 누구나 마음을 열고 다가오며, 다가가기 때문. 자연이 선사하는 '발견'의 고마움은 야지에서 텐트를 쳐보고 하룻밤이라도 지새본 이라면 모두 알 수 있다. 그것은 일상 탈출에 대한 자연의 선물이며, 또 다른 일상이 되어 나에 대한 혹은 가족에 대한 새로운 발견으로 이어지고, 더불어 주변 사람들과 나눔의 기쁨을 발견하는 연쇄 작용을 일으킨다.

캠핑이라는 일상 속의 여백. 함께 한곳을 바라보고 있는 것만으로도 기쁨을 주는 사람들. 날짜를 정해 만나지 않아도 언젠가는 캠핑장에서 볼 거라는 믿음을 공유하는 사람들. 운이 닿아서 주말에 함께 캠핑하기로 했다면 어린이날을 기다리는 아이들마냥 설렘이 멈추지 않는다. 물론 안면부지의 이들과 캠핑을 할 수도 있다. 그들과 새로운 인연을 만들 수도 있지만, 그야말로 '오랫동안' 가까이 하고 싶은 이를 만난다는 것은 흔한 일이 아니다.

　반복되는 일상, 일로 얽혀 정을 쌓기보다 이기적일 수밖에 없는 사람들. 어쩌다 안갯속에 파묻혔을 때 내 손을 잡아줄 이 몇이나 될는지…. 하지만 함께 먹고, 자고, 랜턴 빛 아래에서 서로의 이야기로 시간을 채우는 캠퍼들은 일상에서 이기적으로 얽힌 이들과는 다르다. 함께 음식을 나눠 먹으며, 이슬 맞으면 감기 든다고 텐트의 한 귀퉁이 자리를 내어준다. 모닥불 온기를 나누거나 흔한 인스턴트 커피 한 잔일지라도 마음을 담아준다. 뉘 집 아이 할 것 없이 내 아이가 손 잡아 데려온 친구는 식탁 한 자리 내어 간식이라도 먹여 보낸다.

　그러는 사이 '이 사람, 다음에 또 만날 수 있을까?' 은연중 기대하게 되고, 만남이 반복되면 주말에만 얼굴 보는 또 다른 친구가 된다.

캠핑, 내 아버지의 선물

함께 먹고, 자고, 랜턴 빛 아래에서 서로의 이야기로 시간을 채우는 캠퍼들은 일상에서 이기적으로 얽힌 이들과는 다르다.

거미줄은 소나기에도 끊기지 않는다. 떠나보낸 친구가 끊임없이 떠오른다면, 그 사람은 머리가 기억하는 것이 아니라, 거미줄처럼 얽힌 강렬한 추억으로 가슴이 기억하는 친구다. 지는 낙엽을 보며 지난여름의 캠핑을 함께 떠올리고, 앙상한 나뭇가지를 보며 내년의 따사로운 봄볕을 함께 기다리는 이는 캠핑을 같이 보낸 친구뿐. 일상 속에서 낙엽의 정취를 이야기하고 안개의 운치를 이야기한다면, 주변 사람들은 사치스러운 사색이라 할지도 모른다. 하지만 캠핑을 함께한 친구라면 가볍게 고개를 끄덕이며 나의 '발견'에 동조할 것이다.

먹구름이 잔뜩 낀 하늘, 금방이라도 한차례 비가 내릴 기세라 해도 캠핑을 함께하는 친구가 있다면 그리 걱정스럽지 않다. 비 역시 자연이 보여주는 이벤트이며, 캠퍼인 우리는 그것을 즐기는 방법을 잘 알고 있기 때문이다. 맑으면 맑은 대로, 비 오면 비 오는 대로 자연의 모든 것을 있는 그대로 즐길 줄 아는 캠퍼인 우리는 서로 친구인 셈이다.

캠핑, 내 아버지의 선물

지는 낙엽을 보며 지난여름의 캠핑을 함께 떠올리고, 앙상한 나뭇가지를 보며 내년의 따사로운 봄볕을 함께 기다리는 이는 캠핑을 같이 보낸 친구뿐.

콘크리트 속으로 사라지던
나의 이웃

캠핑장에서 자주 뵙던 아주머니 한 분이 있다. 알록달록한 등산복 차림, 아니면 알록달록한 평상복 차림이라 언제나 한눈에 띈다. 항상 유쾌하게 웃던 분이라 쉽게 가까워질 수 있었다. 아주머니의 남편은 회사 선배뻘이어서 캠핑 말고도 사회생활에서 겪는 고민 상담도 기꺼이 해주었다. 항상 부부가 함께 산을 오르고 텐트를 치고, 주말을 보내는 모습에 나 역시 결혼하면 이들처럼 살아야겠노라 다짐했다.

캠핑으로 맺어진 인연은 다른 취미로 엮인 것에 비해 오래가는 편이다. 적어도 하룻밤은 함께 먹고 잘 뿐만 아니라 긴 시간 대화하고 아침에 일어나 부스스한 몰골을 어쩔 수 없이 서로 내보이기 때문이다. 사회에서 규정한 내가 아닌 자연인으로 마주하기 때문이다.

캠핑장에서 사회적 지위와 경제력 따위는 아무 의미가 없다. 모두 똑같이 한 뼘 땅을 차지하고 텐트를 치고 야지에서 하룻밤을 보내기 때문에 잘살고 못살고, 지위의 높고 낮음에 대해 묻는 사람은 별로 없다. 혹여 묻는 이가 있다면, 그저 그런 대답이 돌아올 뿐이다. 자연에 모든 것을 맡기고 일상에 찌들었던 나를 정화하기 위해 캠핑장을 찾은 사람에게 '당신의 일상은 무엇입니까?'라고 묻는다면 '그냥 이래저래 먹고삽니다'라는 무성의한 대답이 돌아올 수밖에. 덧붙여, 텐트의 종류나 장비의 가격 등으로 그 사람의

"아이들 주려고 하다 보니 많이 만들게 됐어요. 커피랑 함께 먹으면 괜찮을 거예요."

캠핑, 내 아버지의 선물

일상에 대해 추측하는 것은 정말 쓸모없는 공상이며, 상대에 대한 결례다.

격과 벽이 없어 항상 가까이 하고 싶은 캠핑 이웃이 하루는 나에게 전화를 했다.

"퇴근길에 시간 있으면 들르세요. 드릴 것이 있어요."

내가 일하는 사무실과 가까운 곳에 그분의 집이 있다. 일하다 잠깐 점심식사를 함께할 수 있을 정도로 가까운 곳이다. 퇴근 후 약속이 있었지만, 그분 댁에 들렀다 가는 것은 어렵지 않았다.

약속한 집 앞의 버스정류장에 도착했다. 환한 얼굴로 반겨주시더니 손에 들고 있던 자그마한 쇼핑백을 건네주셨다.

"아이들 주려고 하다 보니 많이 만들게 됐어요. 커피랑 함께 먹으면 괜찮을 거예요."

열어보니 호두파이가 들어 있었다. 직접 만드신 거라며 겸연쩍어하셨다. 제과점에서 파는 과자처럼 포장까지 한 모양새가 꽤 그럴듯했다.

"이런 걸… 어떻게…."

"잡숴봐요. 맛있어야 할 텐데… 호호호. 조심해서 가요."

그냥 감사하다는 말만 하기에는 너무나 고마운 나머지 마땅한 말을 찾고 있던 사이 그분은 버스 정류장을 뒤로한 채 아파트 콘크리트 사이로 사라지셨다.

산이나 캠핑장을 가면 흔히 음식을 나누어 먹곤 한다. 이분 역시 준비해 온 음식을 정성으로 버무려 나누어주시곤 했다. 그때마다 그 배경은 산이나 들녘이었고 텐트였다. 하지만 오늘 그분의 배경은 콘크리트 덩어리, 아파트였다. 왠지 익숙하지 않은 뒷모습이었다. 캠핑장에서 이웃들과 함께 온정을 나누는 건 어색하지 않았는데, 오늘과 같이 차들이 쉴 새 없이 다니고 엄청나게 높은 아파트가 즐비한 버스정류장에서 뵌 캠핑 이웃의 '나눔'은 어쩐지 생소했다. 하지만 다행스럽게 느껴졌다. 난 참 복 많은 사람이라는 생각도 들었다. 나는 그간 일상에서 사회의 일원이라는 굴레를 덮어쓰고 톱니바퀴처럼 돌아가기만 했지 스스로 누군가에게 인간적인 따뜻함을 전해본 적이 있는지 되돌아보게 되었다. 캠핑 다니는 주말과 생계를 이어가는 평일을 철저하게 분리했던 나에 대해 일말의 반성도 일었다. 캠핑 다닐 때처럼 '좋은 사람'이라는 말을 직장에서나, 사회에서 알게 된 지인들에게서도 들을 수 있다면 더없이 좋을 것이다.

돌아오는 길, 그분께 전화를 했다.

"고맙습니다. 잘 먹을게요. 저는 준비한 게 없어서 죄송합니다."

"뭘요. 과자 몇 개 가지고…."

"다음에 캠핑장에서 뵈면 맛난 음식 대접할게요."

캠핑, 참으로 할 만하다.

"다음에 캠핑장에서 뵈면 맛난 음식 대접할게요."
캠핑, 참으로 할 만하다.

옆 텐트에
아가씨가 있다 첫 번째 이야기

오랜만에 동생과 함께 멀리 캠핑을 갔다. 오후 1시 40분에 도착. 새벽부터 부지런을 떨었으나 해가 중천에 뜨고서야 도착했다. 역시 자리가 없다. 캠핑장을 두 바퀴 돌고 나니 조그마한 2인용 텐트 옆자리가 비어 있었다. 우리가 들고 간 텐트가 그리 크지 않은 터라 그곳에 자리를 잡았다. 텐트 플라이를 씌우고 한참 팩을 박는데 사람이 없는 줄 알았던 옆 텐트에서 나지막한 목소리가 스며 나왔다.

"그만 일어나야지."

곱다. 음색을 보아 20대임이 분명하다. 아마도 20대 후반의 결혼 적령기 여성? 아무렇게나 상상해본다. 총각은 여자의 목소리에 민감하니까. 부럽다. 나도 2인용 텐트 딸랑 들고 여자 친구와 캠핑해보고 싶다. 설마 여자 혼자 캠핑 왔을까. 동행한 남자가 있을 거라 생각했다. 이런 야지에서 노숙하려면 어쨌거나 남자는 필요하니까. 물론, 거친 환경을 즐긴다면 상관없겠지만. 이윽고 대답도 흘러나온다.

"음… 그럴까?"

2인용 텐트인데, 두 사람의 여성이다. 왜일까? 거친 여성들? 캠핑장에서 젊은 여성들을 보는 경우는 흔하지 않다. 남자 친구와 함께 왔거나 언니네 가족을 따라온 처제들이 대부분. 그런데 옆 텐트의 주인은 맑은 목소리를

텐트 플라이를 씌우고 한참 팩을 박는데 사람이 없는 줄 알았던 옆 텐트에서 나지막한 목소리가 스며 나왔다. "그만 일어나야지."

캠핑, 내 아버지의 선물

가진 여성 둘이었다.

깡깡깡.

강하게 팩을 박는다. 평소 옆 텐트에 사람이 있으면 소음에 주의한다. 그러나 옆 텐트에는 젊은 여성이 있다.

깡깡깡.

팩을 박는 게 아니라 후려치는 느낌이다.

텐트에서 한 여인이 나온다. 점심 이후 달콤한 낮잠에서 이제 막 일어나 약간 헝클어진 머리카락 아래로 빛나는 맑은 눈빛….

예.쁘.다.

살짝 기지개를 켜는 아가씨의 곁눈길이 느껴진다. 나는 간결하고도 절제된 동작으로 장비를 펼친다. 다년간 캠핑을 하며 단련해온 느낌으로. 동생이 나를 부른다.

"형 이거 어디다 꺼내놔? 내가 할까?"

나는 여유로운 목소리와 약간의 미소로 화답한다.

"아니야. 놔둬. 내가 할 거니까."

참으로 배려가 깊으며, 통 넓은 남자의 느낌이다. 평소 잘 설치하지 않던 스트링까지 팽팽히 당긴다. 이윽고 텐트는 카탈로그에서 본 것처럼 완벽한 모습을 자랑한다. 멋스럽게 텐트를 치고, 겨울에는 좀체 사용하지 않는 타프까지 그럴듯하게 설치했다. 대낮인데도 화로대는 정중앙에 놓았다. 캠핑 고수들의 후기에서나 봄직한 모습이다. 옆자리 여인 천국에는 텐트밖에 없었다. 나와는 비교할 수 없는 검소함이 보였다. 웬만큼 설치가 끝나자 동생은 미리 침낭을 꺼내어 텐트 안에 펼친다. 장갑을 벗으면서 옆 텐트를 살짝 주시해본다. 두 번째 여인이 머리를 질끈 묶으며 나온다. 오후 햇살이 눈부셨는지 한쪽 눈을 찡그린다. 말총머리를 한 그녀. 왠지 쾌활한 느낌에 괜스레 웃음이 난다.

'오늘 참 잘 왔다.'

담배 한 대 꺼내 문다. 마침 가져온 지포 라이터의 뚜껑 여는 소리가 경쾌하다. 이 겨울, 텐트 치느라 몸의 열기를 이겨내지 못하고 겉옷을 벗어던진 반소매 차림으로, 완벽한 그림의 캠프사이트에서 담배를 멋스럽게 피우는 남자.

'잠시라도 곁눈질하지 않았을까? 한 번쯤은 처다보았겠지. 나쁘지는 않았을 거야.'

내 마음대로 상상해본다. 동생이 짜증 섞인 목소리로 나를 보챈다.

"밥 안 먹어? 담배로 배 채울 거야? 어이구…."

"그래. 밥 먹어야지."

오늘 생각해두었던 점심 메뉴는 된장찌개에 김치다. 텐트를 치고 나서 바로 먹는 식사는 항상 간단하다. 번잡스럽게 이것저것 차려 먹기가 수월찮기 때문이다. 하지만 지금 이 상황에서는 냄새만일지라도 고급스러운 식단이 필요하다. 양파 향이 가득한 소시지 야채볶음, 그리즐리 소스를 얹은 스테이크와 청경채볶음, 고추장과 물엿을 가미한 소스로 익혀 바질을 뿌린 닭봉 바비큐, 옥수수수프와 찐 감자. 요리하는 그 순간만이라도 주변 캠퍼들에게 나의 캠핑 스타일과 오랜 경험을 뽐내기에 충분한 메뉴들이다.

    배고파하는 동생을 메뉴로 설득해놓고, 요리 도구와 식재료를 꺼낸다. 차콜로 불을 지피고, 캠핑 요리의 화룡점정, 삼각대에 더치 오븐을 걸어준다. 지글지글. 닭봉 바비큐 익는 소리가 더치 오븐 뚜껑 틈으로 새어 나온다. 스킬렛(Skillet : 긴 손잡이가 달린 스튜용 팬) 위에서 온몸으로 육즙을 짜내는 스테이크의 향기. 마침 바람의 방향은 내 부엌에서 옆 텐트 쪽이다.

    오후 4시. 점심 먹은 게 어느 정도 꺼지고 출출해질 때다. 나의 느지막한 점심 식사는 누가 봐도 간식으로는 과분한 고급 요리다. 테이블을 사이에 두고 커피 한 잔의 망중한을 즐기던 한 여성이 맞은편 아가씨의 어깨너머로 나를 빼꼼히 바라본다.

    '과연 무슨 향기란 말인가, 일전에 경험해보지 못한 맛의 향연이다.'

그녀의 눈빛은 그렇게 말하고 있었다. 요리 잘하는 남자. 호기심을 갖기에 충분하다. 이 타이밍에서 약한 불에 한 면을 완벽히 익힌 스테이크는 나의 유연하지만 절도 있는 손목 스냅으로 공중에서 두 바퀴 반 회전을 한다. 한 시간쯤 걸렸을까. 어느 메뉴 하나 열기가 식지 않는 노련한 과정을 거친다. 파스텔 톤의 테이블웨어로 보기 좋게 꾸민 식탁은 음식 맛을 배가시킬 것이다. 스스로 뿌듯해진다.

"밥 먹으러 나와."

"춥잖아. 안에서 먹지?"

동생이 눈치가 없는 게 아니다. 늦은 오후가 되니 바람이 차갑다. 그래도 그간 쏟은 노력이 아까워 끝까지 동생을 불러낸다.

"여기까지 와서 안에서 먹냐? 캠핑 왔으면 바깥에서 밥을 먹고 해야지. 밖에서 먹자."

퉁명스러운 표정으로 텐트 밖으로 나온 동생은 이제까지 보지 못한 늦은 점심 만찬에 테이블 한 번, 나 한 번 번갈아 쳐다본다. 물론 매우 놀란 표정으로. 배고팠던 동생은 순식간에 접시를 비웠다. 쩝쩝거리는 소리가 옆 텐트까지 들렸을 것이다. 예쁜 모양새처럼 맛있었는지 '형님 최고!'를 연발한다. 그때마다 여유롭고 경쾌한 웃음소리를 흘려주었다.

"후훗."

동생이 감동하였나 보다. 다 먹은 그릇을 설거지통에 담더니, 자기가 마무리하겠다며 개수대로 나서려 한다. 처음에는 굳이 말리지 않으려 했는데 동생 손을 붙잡아 세웠다. 지금보다는 내일 아침에 내가 직접 하는 것이 좋을 것 같았기 때문이다. 옆 텐트 여인들과 개수대에서 만날 궁리를 해본다. 기회는 만드는 자의 것이니까.

벌써 해는 서산으로 넘어갔다. 멀찍이. 이른 저녁 달이 떠올랐다. 점심을 너무 늦게, 거하게 먹어서 저녁은 생략하고 술자리 겸해서 배를 채울 생각이다. 옆 텐트의 여인들이 분주해졌다. 또각또각 도마질을 시작하더니 보글보글 맛난 해물탕을 끓이고 있다. 준비해온 음식 가방은 둘이서 먹기에 벅찰 만큼 컸다. 여자들의 준비성이란. 코펠에 한 밥이 잘되었다면서 손뼉을 치며 좋아한다. 귀엽다. 입가에 묻은 밥풀까지. 말총머리 여인은 익숙한 솜씨로 해물탕의 간을 본다. 그 맛에 스스로 만족했는지, 표정이 밝다. 맛깔스러운 음식 냄새가 이번에는 그녀들의 텐트에서 내 얼굴로 불어온다. 향신료에 의지했던 내 음식과는 다르다. 재료에서 우러나오는, 그리고 그녀들의 섬섬옥수에서 비롯된 손맛까지 전해진다.

처녀들의 즐거운 저녁 식사가 끝나갈 무렵이다. 땔감으로 쓸 나무를 팰 타이밍이다. 반소매 티셔츠마저 걷어 올린 강인한 팔뚝으로 경쾌하게 톱질을 한다. 쓱싹쓱싹. 가로등만 한 나무를 두 동강 낸다. 용을 쓰면 얼굴이 너무 붉어지므로, 그녀들을 등지고 톱질한다. 믿음직스러운 등판이 그녀들의 호감을 이끌어내길 바랄 뿐이다. 동생이 나무에 걸어두었던 랜턴에 불을 밝힌다. 랜턴의 은은한 불빛이 타프 아래 어둠을 서서히 걷어낸다. 랜턴 아래 톱질하는 한 남자의 실루엣. 그녀들이 본능에 충실해주기를 바랄 뿐이다.

어둠이 짙게 내려앉았다. 모닥불을 피우기에 적당한 한기가 돈다. 동생은

처녀들의 즐거운 저녁 식사가 끝나갈 무렵이다. 땔감으로 쓸 나무를 팰 타이밍이다. 가로등만 한 나무를 두 동강 낸다.

옆에서 고구마를 포일로 감싼다. 이 고구마, 옆 텐트의 여인들이 수다 떨며 먹기에 적당한 간식이 될 것이다. 토치에 불을 당긴다. 바짝 마른 장작은 이내 따각따각 소리를 내며 큰 불을 이룬다. 그녀들에게 전해줄 고구마를 장작 속에 넣었다.

고구마 배달은 동생을 시켜야겠다. 나는 그때 톱질을 좀 더 하거나, 모닥불을 손보거나, 기타 연주를 준비하는 모습을 연출하는 게 좋을 것 같다. 이렇게 완벽한 시나리오를 정리하고 있을 때쯤 그녀들도 모닥불을 피우는 것 같다. 작은 화로대에 톱밥을 압축한 땔감을 태운다. 도와주고 싶었는데 금방 불이 오른다. 여자 둘이서 캠핑을 올 정도라면, 한두 번 다닌 실력은 아닌 듯하다. 고구마가 익어가는 동안 술안주를 준비했다. 마침, 와인도 준비했다. 동생과는 무조건 소맥 폭탄주지만 오늘은 왠지 와인이 먹고 싶어 준비했는데, 참으로 똘똘한 선택이었다. 와인 안주였던 스테이크를 벌써 먹어버렸으니 플랜 B를 꺼낼 수밖에. 번데기탕.

이 부분은 조금 엔지인 것 같지만, 뭐 괜찮다. 고구마를 선물 받은 여인들이 맛난 음식을 보답으로 줄지도 모르니까. 고구마를 고루고루 익힌다. 청량고추로 맛을 더한 번데기탕도 알싸한 향을 내기 시작한다. 우선 동생과 와인을 한잔 맛본다. 들쩍지근하지만 끝 맛이 달콤하다. 벌건 숯 밑에서 고구마 향이 살짝 올라온다. 다 익었다는 신호다. 하나를 꺼내 반을 갈라본다. 노란빛 호박고구마의 신비한 속살이 수증기 속에서 드러난다. 딱 먹기 좋게 익었다. 동생에게 배달을 시켰다.

"우리 먹을 것도 없구먼 무슨."

동생이 나무에 걸어두었던 랜턴에 불을 밝힌다. 랜턴의 은은한 불빛이 타프 아래 어둠을 서서히 걷어낸다.

"캠핑 오면 다 나눠 먹고 그러는 거야. 갖다 드리고 와."
"직접 갖다 주지 왜 나를 시키고 그래?"
"내일 아침 네가 할 거니? 갈 때 네가 운전할 거야?"
"알았어. 갖다 주고 올게. 어이구."

여전히 난 그쪽 텐트와는 등을 돌리고 있다. 계획대로다. 예쁜 접시에 고구마를 담아주었다. 물론 포일은 모두 제거했다. 동생이 나를 스쳐 지나간다. 이윽고 또다시 고운 목소리가 들려온다.

"어머, 감사합니다. 맛있겠다!"

훗. 반응이 좋으면 내일 아침 샌드위치도 해줄까 생각 중이다. 동생이 돌아오는 발걸음 소리가 들린다. 나의 맞은편에 앉는다. 털썩. 표정이 뾰로통하다.

"쓸데없이 그런 거 갖다 주라고 그러고. 어이구."

"왜?"

"고구마 먹고 있더구먼 뭘."

"…"

캠핑 한두 번 한 사람 같지도 않았고, 모닥불도 잘 피웠으면 고구마는 당연히 준비했을 터. 그걸 간파하지 못했다. 하지만 괜찮다. 아직은 실패가 아니다. 이어지는 기타 공격이 남았으니까. 어느덧 와인 타임이 끝나고, 소주 타임으로 넘어간다. 은근한 취기가 돌면 술의 힘을 빌려 기타 반주에 노래를 불러볼 것이다. 아직 아가씨들의 안주 보답은 없다. 어깨너머로 보기에는 어묵탕을 끓인 것 같다. 소주 안주로는 딱인데. 아쉽기는 해도 필요 없는 고구마 쥐놓고 어묵탕 구걸할 생각은 없다. 하지만 기타 몇 곡 들려주면, 어묵탕이 올지도 모른다. 그녀들 쪽을 바라보다 우연히 눈이 마주쳤다.

〈두 번째 이야기로 이어짐〉

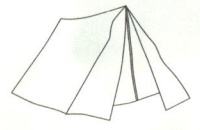

옆 텐트에
아가씨가 있다 두 번째 이야기

모닥불에 장작을 한 차례 더 넣고 준비해둔 기타를 잡았다. 이 밤에 어울리는 명곡들로 구성된 통기타 연주곡집도 준비했다. 용기 충만하게 노래 부를 수 있을 만큼 적당히 술도 마셨다.

"헤어지자 보내온 그녀의 편지 속에 곱게 접어 함께 부친 하얀 손수건."

부드러운 기타 선율은 나의 나지막한 읊조림을 싣고 건너편 아가씨들의 귓속으로 흘러간다.

"어머, 기타 치나봐."

나는 기타를 치고, 노래를 부르면서도 그녀들의 감탄사를 들을 수 있다. 내 바람대로 관객을 위한 노래이니까. 코드를 잡는 손가락은 한 치의 오차도 없이 정확하다. 제각기 움직이는 듯한 오른손의 아르페지오는 악보에 따라 질서 있게 들고 난다. 그녀들의 수다가 잠시 멈춘다. 그녀들의 귀는 이미 우리 텐트 쪽으로 쫑긋해 있을 것이다.

"언덕에 홀로 서서 눈물로 흔들어주던 하얀 손수건."

이때 반대쪽 이웃 텐트의 아저씨 한 명이 소주병과 종이컵을 들고 이쪽으로 성큼성큼 다가온다.

"와! 겁나게 멋있네요. 노래 좋습니다 잉! 제가 한잔 드릴랑게!"

대답도 하기 전에 콸콸콸 소주를 따른다.

"하하하. 근데 제가 소주를 잘 못 마십니다. 감사합니다만…."
"쭉 한잔 들이켜시고, 노래 한 곡 부탁드릴라고요 잉."
이미 취기 가득한 불청객은 김세환의 '토요일 밤에'를 신청한다.
"우리 저기서 놀자!"
옆 텐트에 남아서 이쪽 상황을 주시하던 캠퍼들이 술과 안주를 주섬주섬 챙긴다. '오늘 밤 제대로 놀 수 있겠구나'라는 희망 가득한 얼굴이다. '토요일 밤에' 한 곡으로 끝날 줄 알았던 억지스러운 공연은 구창모의 '어쩌다 마주친 그대'로 이어져, 7080 주요 히트 메들리로 열기를 북돋다가 조용필의 '허공'으로 마무리되었다.
내가 부른 것은 '토요일 밤에'뿐이었다. 나머지 노래들은 이웃 캠퍼들이

불렀다. 나는 반주만 했다. 뭔가 잘못되어가고 있다는 표정을 동생이 읽었는지 한마디 거든다.

"저희가 오늘 운전을 오래 하고 와서요. 한 곡만 더 부르고 마무리하실까요?"

동생 덕분에 그나마 '허공'으로 마무리되었다.

"선상님 덕분에 잘 놀다 갑니다요."

그들이 꾸역꾸역 텐트로 돌아갈 때쯤 나는 그녀들이 있는 텐트를 돌아본다. 한 시간 반 만에. 모닥불의 잔불만이 어렴풋이 그녀들의 예쁘장한 텐트를 비추고 있을 뿐.

내가 어쩌다 야유회용 반주 아르바이트를 하고 있을 때, 그녀들은 이미 잠자리로 들어간 것이다. 미안하고 쑥스럽고, 그야말로 '허공 속에 묻어야만 할 슬픈 옛이야기'가 되어버렸다. 하지만 이대로 끝낼 수는 없다. 잠자리에 언제 들었는지 모르지만, 잠결에라도 나의 기타를 들어주길 바라면서 회심의 선율을 그녀들에게 띄운다.

'Only you~ More than words.'

나 혼자 궁리했던 이 밤의 아름다운 계획들. 나 혼자 마무리한다. 휘영청 달빛만이 나의 세레나데를 빛나게 해줄 뿐 들어주는 이 없고, 반기는 이 없다. 하지만 포기하기에는 이르다. 내일은 내일의 태양이 뜨니까. 설거지하면서 먼저 말을 걸어볼 작정이다.

'어제 일찍 주무시던데. 저희가 좀 소란스러웠지요? 죄송합니다. 어쩌다가 옆 텐트와 동석을 하게 돼서….'

    이렇게 대화를 시작하고 풀어가다 보면 텐트를 걷어 집에 가기 전에 전화번호나 이메일 주소를 얻을 수 있을 것이다.

    '근처에 바다가 참 멋지던데요. 가보셨어요? 제가 카메라 장비를 가지고 왔는데 몇 장 찍어드릴까요? 이메일로 보내드릴게요.'

    자, 이제 내일 아침의 구상은 어느 정도 마무리된 듯하다. 마음을 정갈히 하고 정화수 한 잔 마신 뒤 머리가 많이 망가지지 않도록 바른 자세로 잠자리에 드는 일만 남았다.

    다음 날. 새벽부터 캠핑장을 뱅글뱅글 도는 차 소리가 거슬렸다. 애들은 왜 이렇게 아침잠이 없는지, 엄마를 연발하는 아이들의 카랑카랑한 목소리에 자리를 털고 일어났다. 어제보다 아이들이 더 많아졌다. 새벽 소란을 떤

차에 아이들이 타고 있었나 보다. 시계를 보니 7시가 조금 넘었다.

'아이쿠!'

그녀들의 설거지 시간과 맞춰야 한다. 미리 대기하고 있다가 그녀들이 설거지할라치면 따라나서야 한다. 옷매무새를 다잡아본다. 휴대폰을 거울 삼아 얼굴과 머리를 다듬었다. 텐트 밖으로 나갔다. 다행히 그녀들의 텐트 밖에 설거지거리가 그대로 놓여 있다. 화장실에서 다시 한 번 용모를 챙겨도 되지 않을까 싶었다. 얼른 화장실로 발걸음을 옮긴다. 100m 정도 떨어진 화장실이 참 멀게 느껴진다. 행여, 나의 헝클어진 뒷모습을 그녀들이 볼까봐 잰걸음이 더욱 빨라진다.

'헉…'

저 멀리 너무나도 귀엽게 헝클어진 말총머리의 그녀가 용무를 마치고 나온다. 나는 해를 등지며 가고, 그녀는 해를 바라보며 오고, 어제 보았던 햇살의 간지러움에 찡그렸던 얼굴을 오늘도 보고 있다. 헝클어졌지만, 그저 사랑스럽기만 한 모습이다. 뾰로통한 얼굴로 나를 바라보며 걸어오는 그녀의 모습에 그만 나는 헤벌쭉 미소를 짓고 말았다. 나의 그야말로 헝클어진 모습은 생각하지도 못한 채.

그 순간, 내 뒤에서 발걸음 소리가 들린다.

다다닥.

뒤를 돌아보니 어제 보지 못했던 꼬마 하나가 이리로 막 뛰어온다. 나를 향해 뛰어오는 듯하더니 누군가 버린 깡통을 밟고 내 뒤에서 벌러덩 넘어진다. 울먹거리길래 내가 손을 잡아 일으키려 했다. 그 순간, 또 내 뒤에서 조금 묵직한 발걸음 소리가 들린다.

두 번째 다다닥.

뒤돌아보니 헝클어진 머리의, 사랑스러운 그녀다. 말총머리 휘날리며 바람을 가르고 달려와 아이를 잡더니 말한다.

"고맙습니다."

고맙다니?

"인석아 뛰지 말라고 했잖아! 안 다쳤어? 어서 일어나! 바지 털고!"

울먹이던 꼬마는 이윽고 울음을 터트린다.

"엄마아…. 엉엉."

"울지 마, 너 자꾸 넘어지고 다치니까 엄마가 아빠한테 혼나잖니? 어이구

속상해!"

말총머리 사랑스러운 그녀는 아이를 안고 나에게 눈인사 찔끔하고서는 텐트를 향해 총총 걸어간다. 그녀의 뒷모습을 보다가 멀찍이 그녀들이 있던 텐트를 바라본다.

남자 둘이 있다. 한 남자는 아이를 안고 오는 말총머리 그녀를 안쓰럽게 바라보고, 다른 한 남자는 어제 봤던 말총머리의 짝꿍과 팔짱을 끼고 있다. 나는 그렇게 한참을 바라보다가 화장실로 발걸음을 옮겼다. 화장실까지는 스무 걸음이 안 된다. 그 짧은 시간 동안 상황을 정리해보았다. 부인들끼리 먼저 오고, 남편과 아이들은 그다음 날 새벽에 왔다. 부인들은 남들보다 결혼을 일찌감치 한 데다가 동안이기까지 한 사람들. 결론이 무엇이건 간에, 이번 캠핑을 나 혼자만의 상상으로 즐긴 것만은 분명해 보인다. 내 뒤에서 꼬마가 달려오는 그 순간까지는 정말 행복했다.

화장실 세면대에서 세수한다. 어푸어푸. 왼손 끝이 아리다. 어제 기타를 치며 무리하게 꽉 눌러 잡았던 코드 때문이다. 눈은 충혈되어 있다. 잠을 설친 모양이다. 거울을 보며 피식 웃어본다. 그나마 어설프게 말 걸지 않은 것이 정말 다행이라 생각하며 텐트로 돌아왔다.

동생이 일어나 아침을 준비하려나 보다.

"형 설거지 안 해? 어제 형이 한다며. 설거지해야 밥을 해 먹지!"

"네가 해라."

"형이 한다고 했잖아, 어제!"

짜증 부리는 동생을 본체만체하고 텐트 안에 벌렁 누웠다. 대답 대신 이렇게 말했다.
"형이 꾸다 만 꿈이 있어서 조금 더 꿔야겠거든."
슬며시 눈을 감고, 어제로 돌아가본다.
그녀의 목소리가 들린다.
"그만 일어나야지."

결론이 무엇이건 간에, 이번 캠핑을 나 혼자만의 상상으로 즐긴 것만은 분명해 보인다. 내 뒤에서 꼬마가 달려오는 그 순간까지는 정말 행복했다.

그해 여름 미천골

좋은 추억을 함께했던 이들과 다시금 그 추억 속으로 들어간다는 것은
정말 드문 경우인데 우연히 그런 기회가 왔다면 설렘으로 밤을 새울 것이다.
이번 미천골 여행이 정말 그러했다.
6개월 만의 조우. 그것도 캠핑으로 닿은 인연들이 캠핑장에서 다시 만나기로 한 주말.
나는 소풍 전날 가방 속에 든 새우깡을 보며 흐뭇해했던 옛날의 기억들을 되새기다
뜬눈으로 새벽을 맞았다.
전날 내린 비로 흠뻑 젖은 미천골. 숲 내음이 더없이 청명하다.
숲에서 보내는 즐거움을 아는 사람들과 함께한 주말.
모여 앉으면 굳이 술잔이 오가지 않아도 흥에 겨운 사람들.
나와 마찬가지로 일상에서 도망한 것이 아닌 나로부터 일탈한 것의 짜릿함이 무엇인
지 아는 사람들.
적어도 나는 그런 사람들을 다섯 손가락에 꼽을 수 있다.
그것이 나에게는 행복이다.
더불어 앞으로 남은 한 손을 채워줄 또 다른 인연이 기다리고 있다.
그런 설렘이 있어 더더욱 행복하다.
술과 맛난 음식들 그리고 감미로운 음악.
좋은 곳에서 좋은 사람들과 함께하는 이 순간. 행복은 분명 나의 것이다.
함께 듣는 빗방울 소리는 우리의 흥거운 일상 이야기에 운율을 더해준다.
아무도 이야기하지 않는 잠시 동안의 침묵.
순간, 우리의 시선은 더 많은 이야기를 싣고 흐르는 저 강물을 바라본다.

'우리는 완벽히 이해하지 않아도 완벽히 사랑할 수 있습니다.'
영화 〈흐르는 강물처럼〉 중에서

캠핑, 내 아버지의 선물

캠핑, 내 아버지의 선물

첫 번째 에필로그

내 아버지와 나눈 얘기들

많이 차리지는 못했습니다. 좋아하시는 걸로 준비했는데, 입맛에 맞으셨으면 좋겠어요.
매번 뭘 이렇게 많이 하니? 사는 것도 빠듯할 텐데.

아니에요. 항상 죄송스러워서요. 어머니와 제 마음이라 생각하시고 편하게 드세요.
그래, 고맙다. 허허.

날씨가 많이 후덥지근합니다. 여름만 되면 아버지 휴가 때 시원한 계곡에서 가족이 함께 캠핑하던 생각이 나요.
그래, 그때가 재미있었지? 콩만 한 너희들 데리고 다니면 너희 엄마가 사실 제일 좋아했지. 허허허. 넉넉하지는 못했지만, 그래도 남들 다 하는 가족 여행 다니겠다고 없는 살림에 무리했단다.

어머니께 여쭤보니 그것 다 외상으로 마련하셨다고 하던데요?
네 엄마가 살림 헤픈 여자도 아닌데 갑자기 캠핑 이야기하길래 이상하다 싶긴 했단다. 여름마다 앞집 뒷집 다들 휴가 때 캠핑 간다고 법석 떨 때 어린 너희들의 풀 죽은 표정을 보니 무리해서라도 준비할 수밖에 없었겠지. 가져다주는 월급 빤한데 텐트며 코펠이며 그런 걸 어떻게 한 번에 다 살 수 있었겠니? 하지만 우리 가족이 함께할 수 있는 거라면 외상인들 문제가 아니라 생각했지.

입술 파래지도록 하루 종일 물에서 놀고 아버지가 알코올 버너에 해주셨던 밥을 한 숟갈 뜨면 정말 꿀맛이었어요.
내가 집에서는 손가락 하나 까딱 안 해도 캠핑 가면 밥은 항상 내 담당이었잖니. 네 엄마는 코펠 밥을 나보다 못해. 더군다나 버너 켤 줄도 모르니 당연히 밥은 내가 했지.

어머니는 캠핑 나가면 아버지께서 밥하고 그랬던 모습을 좋아하셨지요. 맞벌이하느라고 항상 힘들어하셨는데. 어머니께서 계곡 물에 발 담그고 꽃무늬 양산 쓰신 채 새침하게 앉아 있던 모습 찍은 사진이 생각납니다.
네 엄마는 그 이후로 직장 야유회 갈 때마다 텐트랑 돗자리 챙겼어. 아마도 캠핑이 좋아져서 그랬겠지? 하룻밤 잘 일도 없는 당일치기 야유회인데, 텐트는 뭐하러 들고 갔겠니? 허허허.

어머니께선 그 텐트가 집으로 느껴졌다고 하시더라고요. 사는 집은 남의 집이지만, 텐트는 내 집이라 남들에게 자랑하고 싶으셨다고 해요. 그리고 우리 가족은 레저도 즐기며 알콩달콩 잘살고 있노라 보여주고 싶으셨대요.
그랬구나, 사람 참. 얼마나 자랑할 것이 없었으면 텐트를….

뭐 지금은 그때보다 훨씬 사정이 나아졌지만, 당시에는 전기밥솥 하나만 있어도 동네 자랑거리였다고 하시던데요?
그 밥솥? 그거 네 엄마가 네가 태어났을 때 곗돈 부어서 사온 거야. 처음에 얼마나 좋아하던지 밥도 안하고 연신 닦아대기만 하더라고. 하하하.

캠핑, 내 아버지의 선물

캠핑, 내 아버지의 선물

그런 옛날이야기 듣다 보면 키워주신 것이 감사할 따름입니다.
그래, 너희들이 알아서 잘 컸겠지만, 네 엄마가 너희들 키우느라고 고생 많이 했단다. 사실 네 엄마는 순둥이였단다. 나 만나서 악바리가 됐지. 글재주도 좋아서 신문사 백일장 나가서 상도 타고 그런 사람이었는데. 나 때문에 하고 싶은 것 이루고 싶은 꿈 다 접은 게지. 하루하루 먹고사는 일에 급급하다 보니, 꿈은 사치라 생각했을 거야.

어머니는 글쓰기 좋아하셨던 것 같아요. 라디오 프로그램에 사연 보내서 방송 나오셨던 것 기억나요.
그래 맞아. 근데 그 글이 네 친할머니한테 시달림당했던 내용이라 마음이 썩 좋지는 않았어. 마지막에는 그래도 시어머니를 사랑한다고 썼더라고. 그래서 내 마음이 더 아팠단다.

어머니가 간혹 눈물 보이실 때마다 왜 그러시는지 대충 짐작은 할 수 있었어요.
그래, 너희들이 잘 모셔야 한다. 내가 못한 몫까지 더 잘해드려야 해.

애쓰고 있습니다. 걱정 마셔요.
그래 너도 이젠 철 들었으니 내가 별말 안 해도 잘하겠지. 어머니 모시고 여행도 자주 다니고 해라.

그럼요. 얼마 전에는 어머니 모시고 캠핑도 가고 그랬어요. 정말 좋아하시더라고요. 앞으로 자주 모시고 다니려고요. 캠핑 가면 아버지 생각도 나고 여러모로 가족들 생각을 더 하게 되어 좋습니다.
그래 잘했다. 그 사람 젊어 시집와서는 또래처럼 제대로 놀아보지도 못했어. 하지만 애들을 일찍 낳아 남들보다 노후가 더 길어진 셈이니 너희들이 남부럽지 않게 잘해드려야 한다.

얼마 전 집 책장을 뒤적거리다가 선물 상자를 발견했는데 저 어렸을 때 가족이 함께 캠핑한 사진을 모아놓은 사진첩이 들어 있었어요. 그 뒤로 어머니하고 가족들 캠핑한 사진을 이어 붙였어요. 아버지 보여드리고 싶은데….

그래, 네 마음 안다.

아버지, 내년에 또 뵐게요.

"어머니! 음복하실 거예요?"
"아니다. 어서 저녁부터 먹어야지. 지방부터 태우거라 엄마가 저녁상 준비할게."

캠핑, 내 아버지의 선물

두 번째 에필로그
캠퍼의 대화법

나는 캠핑을 그만둘 생각이 없습니다. 한참 빠졌다가도 싫증을 느끼고, 계절이 변하면 시들해지는 취미가 많았는데 캠핑은 그렇지 않네요.
가을이 가면 겨울이 기다려지고, 겨울이 가면 봄이 기다려지고, 곧이어 여름의 시원한 물놀이와 나무 그늘이 그리워집니다. 사계절 내내 즐기고 기다리는 것이 반복되지요. 사계절만 그러하겠습니까? 이번 주말에 캠핑을 다녀오면, 새로운 주말을 또 기다리게 되지 않나요?

캠핑을 하면서 봄이라는 계절에 대해 새삼 놀랐습니다. 바짝 말라 있는 듯한 나뭇가지에서 새순이 돋는 것을 보면 생명이란 참으로 끈질긴 것이라는 흔한 말을 떠올리게 됩니다.
봄은 그렇습니다. 다른 계절 또한 그렇지 않습니까? 새 생명이 돋는 것뿐만 아니라, 그 생명이 사그라지는 모습 역시 아름답습니다. 가을의 단풍이 그렇습니다. 봄뿐만 아니라 설경 속의 눈꽃 역시 아름답지 않았습니까?

나는 혈육이 아닌 사람과는 그리 대화를 많이 하는 편이 아닙니다. 캠핑장에서도 옆 텐트 사람들과 대화를 나누는 경우가 드뭅니다.
그럴 수 있습니다. 나쁜 것이 아닙니다. 잘못하는 것도 아니고요. 단, 대화만이 교류라고 말할 수 있을까요? 늦은 밤, 옆 텐트 식구들이 곤히 잠을 자고 있을 때, 내 목소리를 낮추는 것도 대화의 또 다른 방법이겠지요. 배려라는 것은, 음성으로 나누는 대화 이상의 것 아니겠습니까?

항상 더 알려고 하면 할수록 새롭고, 더 많이 배우곤 합니다.
캠핑하는 사람들의 격차란 언제 시작했느냐의 차이일 뿐입니다. 잘하고 못하고는 없습니다. 배움으로 즐거움을 대신합시다. 다 안다고 자만하는 것보다 더 즐겁겠지요?

낮이 즐겁습니까? 밤이 더 좋습니까?
항상 시간을 붙잡아두고 싶습니다. 텐트 걷을 때 뭔가 모를 아쉬움을 느껴보지 않으셨나요? 그때 지난 캠핑의 낮과 밤을 구분하십니까?

캠핑, 내 아버지의 선물

캠핑, 내 아버지의 선물

텐트 안에 있으면 가끔 답답함을 느낍니다. 별로 할 것도 없을 때가 많고요.
집이나 직장에 있을 때 느꼈던 답답함을 생각해보세요. 막상 캠핑을 왔는데 답답하다는 것은 서 있으면 앉고 싶고, 앉으면 눕고 싶은 마음이나 마찬가지 아닐까요? 바람 소리, 물소리, 새소리… 가만히 듣고만 있어도 상쾌해지는 가슴을 느껴보시는 건 어떨까요?

사진을 잘 찍고 싶습니다. 캠핑하며 찍은 사진을 나중에 정리하며 후기도 써놓으면 참 좋을 텐데 아쉽습니다.
지금 카메라는 어디에 있습니까? 당장 내 손이 닿을 곳에 있습니까? 잘 찍으려고 생각하기보다 먼저 찍는 시도를 하는 게 좋을 것 같습니다.

캠핑하면서 '악기 하나 정도 다룰 줄 알았으면 좋았을 텐데…'라는 생각을 많이 했습니다.
이미 캠핑이라는 큰 도전을 하셨습니다. 당장 천 쪼가리 하나 펼쳐놓고 야지에서 밤을 보내는 용기. 악기를 배우는 것은 그것에 비하면 그리 큰 용기가 필요치 않습니다. 한글을 배우는 것과 같지 않을까요? 막연하지만 내 이름부터 쓰다가 결국 능숙하게 되는…. 음표는 음악의 문자라고 생각하세요.

모닥불이 참 좋습니다. 캠핑의 또 다른 멋이며 맛인 듯합니다.
랜턴과는 또 다른 빛이며, 난로와는 또 다른 온기를 전하기 때문입니다. 그 빛과 온기에 모여드는 사람들과 교감을 할 수 있어서 그런 것 아닐까요?

노을이 참 좋습니다. 이 시간에 사진을 제일 많이 찍었던 것 같습니다.
그림자가 가장 길어질 때입니다. 그만큼 여운도 길게 남는 법입니다. 캠핑을 함으로써 품을 수 있는 하늘입니다. 도심에서는 이 시간에 하늘을 쳐다볼 여유도 없을뿐더러 하늘은 이미 빌딩에 가려져 있으니까요.

정원이 있는 제 집에서 캠핑을 하는 상상을 해보기도 합니다.
멋진 상상입니다. 하지만 캠핑은 '일상과 단절된 그 무엇'이라는 의미도 있습니다. 두어 번쯤은 그리 하시겠지만 아마 더 광활한 캠핑장을 찾아 떠나실 것 같은데요?

캠핑, 내 아버지의 선물

캠핑, 내 아버지의 선물

술은 캠핑하면서 꼭 준비합니다.
캠핑하면서 즐길 수 있는 멋진 이벤트 중의 하나입니다. 하지만 술도 음식인 만큼 과하면 체합니다. 자칫, 다른 즐거움을 놓칠 수도 있습니다. 가령 이른 아침 신선한 공기의 상쾌함 같은 것.

캠핑 가면 무엇을 할까 고민되기도 합니다.
캠핑 가면 마음 가는 대로 하면 됩니다. 무엇을 계획하지 않습니다. 그냥 아무렇게나 시간을 즐기는 것이 흔히 할 수 있는 일은 아니니까요. 하지만 숲 속을 걷는 일은 절대 빼먹지 않습니다. 머릿속까지 깨끗해지는 느낌입니다.

이젠 눈이 기다려집니다.
이번 주는 어디로 가시나요?

거친 글과 서툰 사진들이 다듬어지기까지 도움 주신 많은 분께 이 책을 드립니다.
살면서 '도전과 용기'라는 말이 어떠한 의미인지 알려준 친구와
아름다운 사람들에게 이 책을 드립니다.
가족과 자연을 사랑하는 이 세상의 모든 캠퍼들에게 이 책을 드립니다.

그리고, 캠핑을 선물해주신 아버지께 이 책을 드립니다.

캠핑, 내 아버지의 선물

2013년 6월 17일 초판 2쇄 인쇄
2013년 6월 24일 초판 2쇄 발행

지은이 | 김현수
발행인 | 전재국
발행처 | (주)시공사
출판등록 | 1989년 5월 10일(제3-248호)

주소 | 서울특별시 서초구 서초동 1628-1 (우편번호 137-878)
전화 | 편집 (02)2046-2863 · 영업 (02)2046-2800
팩스 | 편집 (02)585-1755 · 영업 (02)588-0835
홈페이지 | www.sigongsa.com

ISBN 978-89-527-6690-8 13810

값은 뒤표지에 있습니다.

본서의 내용을 무단 복제하는 것은 저작권법에 의해 금지되어 있습니다.
파본이나 잘못된 책은 구입하신 서점에서 교환해 드립니다.